A Gramática do *Decameron*

Coleção Debates
Dirigida por J. Guinsburg

Equipe de realização: Tradução: Eni Orlandi; Produção: Plínio Martins Filho.

tzvetan todorov

A GRAMÁTICA
DO DECAMERON

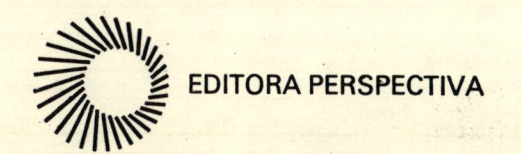

EDITORA PERSPECTIVA

Copyright © Mouton & Co. N.V., 1969. The Hague - Paris.

Todos os direitos reservados. A reprodução desta obra por qualquer meio, total ou parcial, sem autorização expressa da Editora, sujeitará o infrator, nos termos da Lei 6.895 de 17-12-1980, às penalidades previstas nos artigos 184 e 186 do Código Penal, a saber: reclusão de 1 a 4 anos e multa de Cr$ 10.000,00 a Cr$ 50.000,00.

EDITORA PERSPECTIVA S.A.
Av. Brigadeiro Luís Antônio, 3025
01401 – São Paulo – Brasil
Telefone: 288-8388
1982

SUMÁRIO

Lista de Símbolos 7

1. Introdução................................. 9
   1. *O objeto da obra*...................... 9
   2. *O Decameron*........................... 11
   3. *A gramática universal*................. 14
   4. *Noções de base*........................ 17

2. Estudo das Proposições...................... 23
   1. *Sintaxe e semântica*................... 23
   2. *Denominação e descrição*............... 27
   3. *As categorias primárias*............... 29
      a. Nome próprio........................ 29
      b. Adjetivo........................... 32
      c. Verbo.............................. 36
   4. *Os campos semânticos*.................. 43
   5. *As categorias secundárias*............. 45
      a. Negação e oposição.................. 45

    b. Comparativo 46
    c. Modos................................ 47
    d. Volitivo.............................. 51
    e. Visões............................... 52

3. Estudo das Seqüências 55
   1. *Relações entre proposições* 55
   2. *Seqüências atributivas* 63
   3. *Seqüências de leis* 65
   4. *Ambigüidade: proposicional e seqüencial* 67
   5. *Combinações de seqüências* 70
   6. *Casos particulares* 74
    a. Nono dia, décima novela................ 74
    b. Quinto dia, nona novela 75
    c. As facécias........................... 77
   7. *A estrutura da novela*...................... 78
    a. Questão e resposta.................... 78
    b. A troca.............................. 80
    c. A narrativa: enunciado e enunciação 84

Posfácio...................................... 87

As Transformações Narrativas 89
  Leitura 90
  Descrição 95
  1. *Transformações simples*..................... 96
  2. *Transformações complexas* 98
  Aplicação.................................. 100
  Obras citadas 103

Apêndice: As Duas Lógicas da Narrativa.............. 105

LISTA DE SÍMBOLOS

$+$	sucessão
$\Rightarrow$	implicação
X, Y, ...	agente
A, B, ...	atributo
a	modificar ⎫
b	pecar ⎬ verbos
c	punir ⎭
$-$	negação
não	oposição
!	comparativo (mais)
$-!$	comparativo (menos)
$(...)_{\text{opt/obr/cond/pred}}$	proposição modal
X(...)	falsa visão (para X)
$v°$	volitivo
//	as proposições dos dois lados deste signo designam a mesma ação; é uma ação ambígua.

1. INTRODUÇÃO*

1. O objeto da obra

Precisar o objeto desta obra é tanto mais necessário, uma vez que tratamos de uma obra literária completa: o *Decameron***. Ora, em nossos dias, os estudos literários parecem ter encontrado, enfim, seu objeto próprio, depois de ter errado através de campos tão distantes, entre si, como a biografia do autor e a sociedade contemporânea. Este objeto é a obra literária ela mesma; costuma-se dizer que a unidade dos estudos literários se faz neste objeto único, qualquer que seja o método utilizado.

Esta unidade repousa, vê-se imediatamente, em um mal--entendido. A homogeneidade do objeto não é empírica mas teórica. Se a botânica é uma ciência, seu objeto não é o mundo vegetal mas as leis que a governam, ou seja, a "vegetalidade". Também

---

* François Wahl e Claude Bremond, que leram a primeira versão desta obra, fizeram-me várias observações críticas que procurei levar em conta. Exprimo-lhes, aqui, meu reconhecimento.

** Apesar de existir a tradução *Decamerão*, preferimos manter a forma original (N. da R.).

outras ciências podem tratar de plantas, aplicando-lhes, por exemplo, as leis físicas ou químicas. Da mesma forma, a obra literária não pode, por si só, constituir o objeto de uma ciência; ela é, em potencial, o objeto de todas as ciências humanas, mas sob aspectos diferentes. Há, pois, uma tolerância malposta quando se acolhem todos os métodos no interior dos estudos literários. Pode-se permanecer tolerante em relação a diversos métodos (é preciso tolerar tudo, salvo a intolerância), mas é, precisamente, a utilização de um método que define esta ou aquela ciência. A unidade de cada ciência se faz a partir de um objeto teórico, isto é, de seu método. Portanto, não faz sentido falar de vários métodos no interior de uma ciência.

O objeto que aqui nos propomos estudar é a narração. Seria inútil tentar dar, agora, uma definição interna a esta palavra: a definição será antes uma chegada que um ponto de partida. Pode-se, entretanto, abranger a narração do exterior, dizendo o que ela não é. Só um aspecto do discurso será aqui examinado: aquele que o torna suscetível de evocar um universo de representações. Nosso objeto será o universo evocado pelo discurso, e não este discurso tomado em sua literalidade.

Duas conseqüências importantes decorrem desta primeira escolha. Primeiramente, fica claro que deixamos de lado numerosos aspectos da obra literária que, entretanto, na literatura atual, por exemplo, ascenderam ao primeiro lugar. Em segundo lugar, a narração é um fenômeno que se encontra não somente na literatura, mas também em outros domínios que, no momento, dependem, cada um, de uma disciplina diferente (como contos populares, mitos, filmes, sonhos, etc.). Nosso esforço aqui será o de chegarmos a uma teoria da narração de modo que possa ser aplicada a cada um destes domínios. Conseqüentemente, mais do que dos estudos literários, esta obra depende de uma ciência que ainda não existe, digamos a Narratologia, a ciência da narrativa. Entretanto, os resultados desta ciência não serão desprovidos de interesse para o conhecimento da literatura, uma vez que a narrativa constitui, freqüentemente, seu centro.

Desde o início, uma precaução é igualmente necessária. Com efeito, facilmente poderia alguém equivocar-se com nossa intenção e crer que ela é mais de ordem antropológica que lingüística, que procuramos descrever AÇÕES e não a NARRATIVA DAS AÇÕES. Mas as ações em si não podem constituir nosso objeto; seria inútil procurar sua estrutura além da que lhes dá a articulação discursiva. Nosso objeto está constituído pelas ações tais como as organiza um certo discurso chamado narrativa. É nisto que este estudo permanece próximo das análises literárias, e não terá nada de uma teoria das ações, supondo-se que tal teoria possa existir em um nível que não seja o da narrativa das ações.

Devemos também nos interrogar: trata-se aqui de uma gramática da narração, isto é, de todas as narrativas, ou somente do *Decameron?* Infelizmente, o estado atual de nossos conhecimentos não nos permite dar uma resposta simples. Nós nos esforçamos, ao longo deste trabalho, em chegar ao nível mais elevado de abstração; em visar, conseqüentemente, a estrutura da narrativa em geral e não a de um livro. Contudo, é, por enquanto, impossível dizer até que ponto a estrutura aqui destacada é universal ou, ao contrário, própria somente ao *Decameron*: seria necessário, para tanto, estudar em uma perspectiva semelhante, não todas as narrativas, mas muitas outras narrativas de épocas, país, gêneros e autores diferentes. Pode ser que tenhamos encontrado, nesta coletânea de novelas, somente uma parte das categorias próprias à gramática da narração.

2. O Decameron

Uma série de razões tornam o *Decameron* um exemplo privilegiado para o estudo da narração.

Já de início, é necessário que, no texto literário escolhido, a ação e a intriga desempenhem um papel dominante. As novelas de Boccaccio, que obedecem a uma causalidade dos acontecimentos, são bem mais apropriadas ao estudo desse tipo de narrativa do que uma obra de causalidade psicológica, como, por exemplo, certas novelas de Maupassant.

Ao mesmo tempo, essas novelas apresentam intrigas relativamente simples: a maior parte delas são tratadas em poucas páginas; as personagens não são mais que três ou quatro; a intriga possui um número pequeno de elos. Estamos, de certa forma, nas fontes da narração. Um romance, se obedece ao mesmo tipo de estrutura, apresenta, pela complexidade inerente a seu gênero, dificuldades infinitamente maiores. Ora, no estágio de conhecimento em que nos encontramos, é preferível escolher os exemplos mais simples.

O grande número de estórias (mais de cem, com efeito), contidas no *Decameron*, apresenta também vantagens consideráveis. A recorrência das relações é necessária para que se possa identificar a estrutura, mesmo que seja de uma única novela. Aliás, não podemos falar de estrutura de uma novela apoiando-nos unicamente nela. Por outro lado, é claro que o número e a variedade das novelas permitiram inventariar maior quantidade de fatos significativos. Enfim, este grande número é também uma garantia: podemos, assim, proceder a verificações que provarão, ou negarão, nossas hipóteses. Só no caso de uma matéria tão extensa, pode-se colocar a questão da economia do sistema; um dos critérios de escolha entre duas descrições igualmente fiéis é o da simplicidade: a natureza e o número de conceitos utilizados, a complexidade das operações a que os submetemos.

Sendo a homogeneidade da matéria uma propriedade freqüentemente exigida, poder-se-ia contestar a escolha do *Decameron* como objeto de estudo, baseando-se na múltipla origem das estórias nele contidas. Se essas estórias fossem muito diferentes, os resultados obtidos seriam inferiores ao que se poderia tirar de uma coletânea homogênea. Com efeito, os eruditos puderam reencontrar as fontes de noventa novelas (em cem!)[1]. Elas provêm, quer do folclore de diferentes países (principalmente), quer de autores antigos ou contemporâneos. Aliás, aquelas, cuja origem não é clara, não formam um grupo à parte; haveremos de reencontrá-las mais tarde no folclore ou em outros autores, perfeitamente assimilados.

Entretanto, ver neste fato uma contestação da homogeneidade da coletânea, seria colocar mal o problema da unidade e, de forma mais geral, o da invenção. Nenhuma estória é, nem pode ser, uma invenção totalmente original. Toda narrativa remete a uma narrativa precedente; a narrativa é, sempre, um eco de narrativas. A originalidade de um texto literário não pode consistir na ausência de remissões a outros textos anteriores. O próprio Boccaccio indicou o caminho a seguir, na conclusão do livro: ele não INVENTOU estórias diz, mas as ESCREVEU. É na escrita, com efeito, que se cria a unidade; os motivos, que o estudo do folclore nos revela, são transformados pela escrita boccacciana.

Ao invés de ser uma contestação do sistema, as estórias estrangeiras tornam-se, por suas transformações, sua melhor confirmação. Da mesma forma, uma palavra de origem estrangeira, que entra no vocabulário de uma língua, deixa, por isso mesmo, de ser estrangeira: recebe para tanto, se necessário, transformações fonéticas e morfológicas; as leis do vocabulário se sobressaem ainda mais claramente.

Tomemos um exemplo: IX,9[2]. Duas pessoas sofrem desventuras diferentes: José tem uma mulher horrível, enquanto Melisso não é amado por seus concidadãos. Vão submeter seus problemas

---

1. Para todas as questões concernentes às fontes do *Decameron*, refiro-me à obra de A. C. LEE, *The Decameron. Its sources and analogues* (Londres, David Nutt, 1909).

2. O algarismo romano indicará sempre o dia, o algarismo arábico, a novela.

ao Rei Salomão; este lhes dá conselhos muito breves e enigmáticos. Mas, pouco a pouco, cada um compreende o sentido do conselho e suas desventuras acabam.

A fonte desta estória é, parece, uma lenda rabínica. Mas Boccaccio transforma-a completamente, e o resumo que acabamos de dar não é mais fiel. Das duas respostas de Salomão, Boccaccio só fica com uma: a que concerne à mulher horrível. E toda a novela consiste em contar a aventura que vive José com sua mulher, após seu regresso; aventura em tudo semelhante às das outras novelas. A estória da segunda resposta, que concerne ao amor ao próximo, ocupa apenas algumas linhas, no fim da novela. O caráter quase ininteligível dos conselhos não recebe maior atenção. Assim, esta estória submete-se plenamente às leis que governam o universo do *Decameron*.

Nenhuma estória da coletânea escapa às leis narrativas ali reinantes (voltaremos mais tarde a alguns casos particulares). Uma restrição, entretanto, será necessária, por razão não histórica, mas estrutural. A matéria analisada não será, propriamente falando, o livro *Decameron* mas as cem novelas que ele contém: nenhum dos problemas colocados pelo quadro será aqui levado em consideração. À estória da peste, dos dez jovens, etc., formam um contraponto às estórias "imbricadas"; têm propriedades diferentes que servem de contraste. Deixamos de lado os problemas que este quadro levanta, com tanto menos lástima, uma vez que já foram tratados, em uma perspectiva semelhante à que adotamos, por André Jolles em sua introdução ao *Decameron*[3]. Subscrevemos plenamente suas conclusões.

Não tratando do quadro, eliminamos vários problemas; um deles tem repercussões no interior das novelas. Poderíamos designá-lo como "problema da testemunha". Boccaccio tem a preocupação de sempre introduzir a personagem, freqüentemente secundária, que serve de testemunha, e com a qual o leitor pode identificar-se. O leitor não é o único a conhecer todos os segredos (tão freqüentes no *Decameron*), o que lhe daria uma consciência de *voyeur**. Assim, no III,10, a jovem alibeque sai à procura de uma vida santa nos desertos da Tebaida. Ali encontra Rústico, jovem eremita que, seduzido pelo seu frescor, quer dormir com ela. Mas, para não provocar sua resistência, assegura que é assim que "se manda o diabo para o inferno"; seu estratagema dá certo. A estória poderia terminar aí, mas o leitor seria o único a conhe-

---

3. G. DI BOCCACCIO, *Das Dekameron* (Leipzig, Insel Verlag, 1923), Einleitung, p. VII-XCVI, cf. sobretudo p. LXIII-LXV.

* Preferimos conservar *voyeur* pela complexidade de sua significação no discurso sartreano (N. do T.).

cer a ingenuidade de Alibeque. Por isso, apresenta-nos ainda uma cena: Alibeque volta à sua cidade para desposar um certo Neerbal. É interrogada sobre sua permanência no deserto e, quando fala do diabo:

> Como se manda o diabo para o inferno, perguntam as mulheres. Misturando os gestos às palavras, Alibeque lhes faz uma demonstração.
> Foi um tal estalar de risos, que ainda não se acalmou.
> Ei! minha menina, não precisa fazer esforço. Isto se pratica também aqui. Neerbal saberá bem servir o bom Deus com você![4]

O riso do leitor deve ser apresentado no interior da novela.

Entretanto, também há casos em que a reação da "testemunha" só será dada no quadro, nas palavras introdutórias do narrador ou na discussão que se segue.

A mesma distribuição complementar se observa a propósito de um outro aspecto importante da narrativa, que se manifesta, no *Decameron*, por um provérbio, uma metáfora, ou uma reflexão moralizante. Assim, no fim da estória de Alibeque, dizem-nos que deu origem ao provérbio "o serviço que mais agrada a Deus é o de mandar o diabo para o inferno". Ou, no II,9, a estória é precedida e seguida da mesma frase-provérbio "o enganador fica, finalmente, à mercê de sua vítima". Esta moral — que Jolles considera ligada particularmente às narrativas imbricadas (em oposição às estórias encadeadas) — constitui uma espécie de excedente que precisa, por sua vez, ser suplementada por uma nova estória (aqui, a estória-quadro)[5].

Deixaremos, pois, de lado, tanto o problema da "testemunha" quanto o da moral, por mais importantes que sejam para o *Decameron*, a fim de tratarmos somente da intriga das novelas, tomada em seu estado mais puro.

3. A Gramática Universal

Uma hipótese metodológica vai nos guiar ao longo deste trabalho: a da existência de uma gramática universal.

Esta hipótese é tão antiga quanto a reflexão sobre a linguagem (da mesma forma que, sem dúvida, a da diversidade irredutível das línguas). Podemos traçar sua história de Protágoras a Chomsky, parando particularmente nos "modistas" dos séculos XIII e XIV, no *Hermès* de Harris, no fim do século XVIII e na

---

4. Tradução de J. Bourciez (Paris, Garnier Frères, 1963).
5. Sobre o problema da suplantação, cf. "Os Homens-Narrativas", in TODOROV, T., *As Estruturas Narrativas,* São Paulo, Perspectiva, 1970, pp. 135-146.

lingüística dinamarquesa do século XX (Jespersen, Brondal, Hjelmslev). No século XIII, por exemplo, Roger Bacon formulava esta hipótese assim (*Gram. graec.*, p. 278): "A gramática é a mesma em todas as línguas". Ou, mais explicitamente, Robert Kilwardly:

> A gramática só pode constituir uma ciência com a condição de ser uma só para todos os homens. É acidentalmente que a gramática enuncia regras próprias a uma língua particular, como o latim ou o grego; da mesma forma que a geometria não se ocupa de linhas ou superfícies concretas, também a gramática estabelece a correção do discurso, contanto que este faça abstração da linguagem real (o uso atual nos faria inverter, aqui, os termos *discurso* e *linguagem*). O objeto da gramática é o mesmo para todo mundo[6].

Mas, se admitirmos a existência de uma gramática universal, não devemos mais limitá-la somente às línguas. Ela terá, visivelmente, uma realidade psicológica; podemos citar Boas, cujo testemunho adquire tanto mais valor quanto este autor inspirou, precisamente, a lingüística antiuniversalista:

> O aparecimento dos conceitos gramaticais mais fundamentais em todas as línguas deve ser considerado como a prova da unidade dos processos psicológicos fundamentais (*Handbook*, I, p. 71).

Esta realidade psicológica torna plausível a existência da mesma estrutura paralela em outros domínios além da língua.

A gramática universal é, pois, a fonte de todos os universais e dá-nos a própria definição do homem. Não somente todas as línguas, mas também todos os sistemas significantes obedecem à mesma gramática. Ela é universal não somente porque está em todas as línguas do universo, mas porque coincide com a estrutura do próprio universo.

Esta hipótese nunca deixou de ser formulada no decorrer da história. Em suas "gramáticas especulativas", os "modistas" postulam a existência de três classes de "modos": *modi essendi, intelligendi* e *significandi*. A primeira classe corresponde à estrutura do universo; a segunda, à do pensamento; a terceira, à da língua. Os modos da língua são os mesmos em todo lugar *porque* representam os modos do pensamento; estes também o são *porque* representam os do universo. Dito de outra forma, os modos

---

[6]. Em tudo que concerne aos "modistas", sigo a exposição de G. Wallerand, em G. WALLERAND, *Les oeuvres de Siger de Courtray* (= *Les philosophes belges*, VIII) (Louvain, Institut Supérieur de Philosophie de l'Université, 1913); sobretudo p. 42-56.

da língua imitam, por intermédio do pensamento, os modos do universo. A gramática é única, porque o universo é único.

Os gêneros gramaticais e suas espécies são correlatos aos gêneros e espécies da ordem real. São, com efeito, os seres da natureza que são apreendidos por intelecção e depois significados (Wallerand, p. 48).

Em nossos dias, reafirmamos esta relação entre o mundo e a linguagem, mas invertemos o sentido. Se os "modistas" diziam que "a conjunção encontra sua razão de ser no fato evidente de que certos seres são unificáveis" (Wallerand, p. 55), diríamos hoje, melhor, que se pode conceber a unificação de dois seres por causa da existência da conjunção.

Para nós, o universo da narração obedece igualmente à gramática universal. Mas não teremos, por isso, necessidade de decidir se esta reflete ou não a estrutura do universo. Já o dissemos: o objeto deste trabalho não são as ações como presumivelmente existem no universo, mas como existem no discurso narrativo. A estrutura da língua não será confrontada com a estrutura do mundo, mas com a da narração, que é um tipo de discurso. O discurso e a língua entram, pois, em uma relação de equilíbrio dinâmico: obedecem à mesma estrutura de base, ao mesmo tempo em que são, por outro lado, noções claramente distintas e, por assim dizer, assimétricas.

Embora tratemos de uma realidade discursiva, faremos abstração da natureza *lingüística* de nossas unidades narrativas. O fato de uma unidade narrativa ser representada por uma proposição única ou por vários parágrafos é algo que não levaremos absolutamente em conta. O sistema narrativo que descrevemos é uma abstração em relação ao texto real: trataremos mais dos resumos das novelas que das próprias novelas.

Na prática, procuraremos estabelecer a estrutura do discurso narrativo, dando-lhe a forma de uma gramática, tal como a concebe a tradição européia clássica. Não se trata, é claro, de colocar as observações colhidas dentro do quadro restrito desta ou daquela gramática particular, mas sim de utilizarmos, quando possível, uma terminologia conhecida, o que permitirá posteriores aproximações. Se, às vezes, a teoria gramatical ajuda-nos a melhor formular e explicar uma conclusão, outras vezes é a partir da narração que corrigimos a imagem tradicional da língua, tal como aparece nas gramáticas. Estamos autorizados a fazê-lo em razão do estado em que se encontram os estudos sobre a gramática universal e, por outro lado, pelo fato de que as conclusões, tiradas a partir de um tipo de discurso, têm pelo menos tanto valor para a constituição da gramática universal quanto a análise de uma língua.

Mais uma palavra sobre a ordem da apresentação escolhida. Podemos hesitar entre duas ordens. A primeira é, em grandes linhas, aquela na qual se desenvolve a análise real do texto: consiste em tomar, uma a uma, todas as novelas, de tal forma que cada análise enriqueça e melhore o modelo reduzido da primeira. Ter-se-ia mostrado desta maneira a evolução do sistema. A outra ordem, que foi a preferida aqui, é a ordem didática: passamos do mais simples ao mais complexo, como se o sistema já estivesse constituído, e procuramos apenas descrevê-lo. Esta maneira de expor, mais acessível, também corresponde melhor à tradição dos livros de gramática. Entretanto, pelo fato de ser esta a escolha, é preciso insistir no caráter propriamente teórico, e não pedagógico, do presente trabalho. Não tentamos aplicar uma teoria existente sobre um *corpus* particular; é a análise das novelas individuais que nos levou à construção de um modelo, tomado como preexistente.

Seria, enfim, necessário dizer que o presente trabalho, apesar de seu título ambicioso, é, no máximo, mais do que a própria gramática, uma tentativa de desbravar o terreno, um inventário primeiro de elementos, com vista a uma gramática futura?

4. Noções de Base

Faz-se necessário apresentar, no início de nossa análise, uma série de conceitos fundamentais, cujo conhecimento pode tornar mais inteligível o que se segue. Estes conceitos, bastante gerais, fornecem um quadro ao estudo da narrativa; contentar-nos-emos, aqui, com uma exposição muito breve[7], pois, uma parte destas noções será retomada na exposição, onde se poderá encontrar uma explicação mais detalhada, enquanto que as outras já não serão utilizadas. Se apresentamos estas noções, e nem sempre nos referimos, explicitamente, aos autores que nos fizeram escolher, de preferência, uma certa solução, é somente para tornar mais simples nossa exposição. Não nos será difícil distinguir, em tudo que se segue, a influência dos que trouxeram as primeiras contribuições a uma teoria da narrativa, e cujos nomes nos limitaremos a enunciar: os formalistas russos, V. Propp. E. Soriau, Cl. Bremond, A.-J. Greimas[8].

---

7. Uma exposição mais completa do conjunto destas noções se encontra no capítulo "Poétique" da obra coletiva *Qu'est-ce que le Structuralisme?* (Paris, Ed. du Seuil, 1968).

8. *Théorie de la Littérature: Textes des Formalistes Russes* (Seuil, 1965); V. PROPP, *Morfologija Skazki* (Leningrado, 1928); E. SORIAU,

De modo geral, adotaremos uma certa atitude em face da matéria estudada. As novelas particulares, que encontramos no *Decameron*, não serão consideradas em si mesmas mas em vista da análise da narração, que é uma entidade abstrata. Cada novela particular é a manifestação de uma estrutura abstrata, uma realização que estava contida, em estado latente, numa combinatória dos possíveis. Por isso mesmo, a presente obra se alinha numa concepção de ciência que se tornou familiar com o advento da lingüística estrutural. Em 1928, Louis Hjelmslev, assim formulava seu princípio de base:

Pela confrontação de todos os estados sincrônicos existentes, ou conhecidos, pode-se estabelecer um estado pancrônico, um SISTEMA ABSTRATO DE CATEGORIAS, que nos dará o material de uma descrição psicológica e lógica geral e comum, e que pode, em troca, ser projetada sobre todos os estados idiossincrônicos (*Príncipes de Grammaire Générale*, p. 214).

Da mesma forma, procuraremos reconstruir, através de cada uma das novelas particulares, um "sistema abstrato de categorias", uma espécie de "arquinovela", que pode permitir, por sua vez, que melhor se compreenda uma estória concreta.

Distinguiremos, inicialmente, três aspectos muito gerais da narrativa, que serão chamados: *semântico, sintático* e *verbal*. O aspecto semântico da narrativa é o que ela representa e evoca, os conteúdos mais ou menos concretos que traz. O aspecto sintático é a combinação das unidades entre si, as relações que elas mantêm mutuamente. O aspecto verbal são as frases concretas pelas quais recebemos a narrativa. Nele se juntam traços como, por exemplo, a apresentação de uma ação através de uma narrativa do autor, um monólogo, um diálogo, deste ou daquele ponto de vista. O aspecto semântico e o aspecto verbal reencontram-se sob dois pontos. Ao nível mais abstrato, isto é, na sintaxe, que está ligada a um e outro. Um elemento sintático, por exemplo a "modificação da situação", deve encontrar, ao mesmo tempo, um conteúdo semântico (digamos, "partir em viagem") e uma forma verbal pela qual o leitor a apreende ("narrativa na primeira pessoa, num registro figurado, visão de fora"). No nível mais concreto também, isto é, no próprio texto, em que a escolha de uma ou outra palavra (aspecto verbal) determina,

---

Les Deux Cent Mille Situations Dramàtiques (Flammarion, 1950); Cl. BREMOND, Le Message Narratif, *Communications* 4 (1964): 4-32 e La Logique des Possibles Narratifs, *Communications* 8 (1966):60-76; A. J. GREIMAS, *Sémantique Structurale* (Larousse, 1966).

também de maneira precisa, a escolha deste ou daquele sentido (aspecto semântico).

Neste estudo, ocupar-nos-emos do aspecto sintático; um pouco, do aspecto semântico; mas não nos ocuparemos do aspecto verbal. Esta escolha não é determinada pela importância relativa dos aspectos mas por uma preocupação de rigor. O aspecto verbal, por exemplo, pode ser, freqüentemente, o mais importante no texto: não somente na época atual mas também na de Boccaccio. Uma estória, como VIII, 9, só existe por causa desse aspecto: trata-se de uma brincadeira que Bruno e Buffalmacco preparam para o médico bolonhês Mestre Simão. A sintaxe narrativa exige somente que Mestre Simão caia no engodo, mas Boccaccio consagra páginas inteiras aos diálogos em que o médico se gaba de sua perspicácia, em uma linguagem muito individualizada: o "sal" da estória está aí. Ou ainda II,10, em que a aventura bastante insossa serve de quadro aos monólogos coloridos de Bartoloméia, que prefere o amor à fortura de um marido velho.

Da mesma forma, os detalhes "semânticos" têm, às vezes, mais importância do que todo o resto da novela. Assim, em II,2, Rinaldo deixou-se roubar por bandidos que lhe tiraram até a camisa. Uma viúva, tomada de piedade, acolhe-o em sua casa e o veste com a roupa de seu defunto marido. Ora, no momento em que ela é seduzida pela beleza de Rinaldo, tomará estas mesmas roupas como pretexto:

vendo-o com este terno que pertencia a meu morto, acreditei que o defunto aqui estivesse, e, esta noite, cem vezes me veio a vontade de estender-lhe meus braços e meus lábios; sem medo de desagradá-lo, eu não teria deixado de fazê-lo.

Pela sintaxe narrativa, trata-se aqui de um ato de recompensa ou de felicidade; o meio, escolhido pela viúva para atingi-lo, importa pouco. Sentimos, entretanto, que, sem este detalhe, a estória surtiria efeito completamente diferente. Acontece o mesmo para V,4: o que valeria esta estória se lhe tirássemos a metáfora do rouxinol que, no entanto, não desempenha papel algum na anedota?

Não se trata, pois, de delimitar nossa matéria, segundo um critério de "importância" ou de valor estético: tal escolha dar-nos--ia uma série de fenômenos heterogêneos. Somos obrigados a escolher um só aspecto da narrativa e a examiná-lo em sua totalidade, ainda que seu papel, nas diferentes novelas, não seja o mesmo. Aliás, há uma razão suplementar para esta escolha: como na língua, a gramática universal se situa no nível da estrutura profunda que aqui está contituída por esquemas narrativos abstratos.

A unidade sintática de base será chamada PROPOSIÇÃO. Corresponde à ação "indecomponível"; por exemplo: "João rouba o dinheiro", "O rei mata seu filho", etc. Esta ação, entretanto, só é indecomponível em um certo nível de generalidade; em um nível mais concreto, tal proposição seria representada por uma série de proposições. Dito de outra forma, uma mesma estória pode ter resumos mais ou menos sucintos. Assim, um possuiria a proposição "O rei corteja a marquesa" onde outro teria: "O rei decide partir", "O rei viaja", "O rei chega à casa da marquesa", etc. etc. No presente estudo, só nos deteremos no nível mais elevado, o mais abstrato possível. Esta decisão é necessária para limitar o número de ações que, de outra forma, seria muito grande; por outro lado, as sondagens efetuadas mostram que as estruturas permanecem sempre as mesmas, independentemente do nível de abstração.

As proposições podem apresentar vários tipos de relações, que pertencem a três ordens: LÓGICA, TEMPORAL e ESPACIAL. A relação lógica entre duas proposições, que encontramos no *Decameron*, é a de causa-efeito (implicação); será notada daqui por diante pela flecha dupla $\Rightarrow$. A relação temporal é a simples sucessão no tempo; será notada pelo signo $+$. A relação espacial de base é a do paralelismo, com suas múltiplas subdivisões. Não será notada por nenhum signo particular porque não a levaremos em conta aqui. Ainda uma vez, esta restrição é ditada pela preocupação de simplicidade e homogeneidade, pois a ordem espacial funciona, em certa medida, independentemente das outras duas. Sua importância pode ser muito grande; em poesia é sempre dominante e, mesmo no *Decameron*, a consideração desta ordem teria permitido uma explicação mais fácil de certos episódios. Assim, por exemplo, na estória já citada de Salomão (IX,9), o conselho que Salomão dá a José é de certa forma "Faça como fulano". Este *como* indica um paralelismo das intrigas e tem um papel sintático preciso: permite prever o desenvolvimento da estória.

Uma certa série de proposições será chamada SEQÜÊNCIA. Da mesma maneira que não podemos definir, logo de entrada, os termos "narração" ou "proposição", tal unidade não terá uma definição interna, pois esta será o próprio objetivo do estudo. Digamos aqui que a seqüência é uma sucessão de proposições tal que a percebemos como acabada, como se pudesse constituir uma estória independente. Uma novela pode conter várias seqüências; por outro lado, cada proposição da seqüência estudada (escolhida, já o vimos, no nível mais abstrato) poderia ser reescrita como uma ou várias seqüências inteiras. Não levaremos em conta os "comentários" que podem acompanhar a seqüência no interior da novela, pois estes dependem do quadro.

Trataremos, separadamente, nas duas partes que se seguem, das proposições e das seqüências. É provável que a estrutura das proposições, aqui destacada, seja reencontrada em toda a narrativa; a estrutura das seqüências, embora existindo fora do *Decameron*, caracteriza um tipo de narrativa em oposição a outros.

Não é preciso justificar longamente as (raras) utilizações de símbolos: estes ajudam, como sabemos, não somente a condensar, mas também a tornar mais precisas as noções, a pôr em relevo identidades e diferenças, onde estas permanecem dissimuladas pelas palavras ambíguas de nossa língua.

2. ESTUDO DAS PROPOSIÇÕES

1. Sintaxe e Semântica

"Atos idênticos podem ter significações diferentes e vice-versa": é assim que Propp formula uma das leis fundamentais da análise da narrativa (*Morfologija Skazki*, p. 30). Esta lei consagra a diferença entre o que chamamos semântica e sintaxe da narrativa. O que nos permite identificar um ato e, por conseguinte, afirmar a identidade de dois atos, deriva da semântica. O que nos permite falar da significação PARA A NARRATIVA, de sua função, deriva da sintaxe.

A distribuição irregular das unidades semânticas em relação às unidades sintáticas (a lei de Propp) arrisca, facilmente, provocar confusões. Uma parte destas "confusões", a narrativa toma a seu cargo e as integra, tais como são, em sua estrutura; tornaremos a falar disso no capítulo sobre a ambigüidade. Mas as outras permanecem na consciência do pesquisador e devemos ter bastante cautela com elas.

Não é necessário citar exemplos que provem que várias

unidades semânticas podem ter a mesma função sintática, sendo estas funções, em princípio, bem menos numerosas (assim um "delito" pode ser um roubo, um assassinato, um adultério, etc.). O outro caso é mais interessante: aquele em que as mesmas unidades semânticas assumem funções sintáticas diferentes. Aqui não faltam exemplos: em VIII,6, em que Bruno e Buffalmacco roubam um porco de Calandrino e o roubo não é considerado um delito, enquanto que, em qualquer outra situação, o é. Habitualmente, um monge não deve fazer amor; este ato é considerado um delito em I,4; IV,2; VIII,4. Entretanto, uma outra série de novelas não apresenta este ato como passível de punição: assim acontece na novela sobre Rústico e Alibeque (III,10), ou em III,8, em que o abade, impunemente, faz um filho na mulher de Ferondo.

Um exemplo, particularmente impressionante, da distância entre a unidade semântica e a unidade sintática, encontra-se na novela IV,7. Boccaccio a resume assim:

> Simona ama Pasquino; eles estão em um jardim. Pasquino esfrega uma folha de salva em seus dentes e morre. Simona é presa. Para mostrar ao juiz como morreu Pasquino, ela esfrega, em seus dentes, uma das mesmas folhas e morre também.

Nesta novela, todas as ações (do ponto de vista sintático) realizam-se (no plano semântico) por uma mesma ação: a morte. O delito, de que Simona é julgada culpada, é o assassinato (envenenamento); a punição que ela deve receber é ainda a morte (a fogueira); o meio que ela encontra para provar sua inocência é, ainda uma vez, a morte (envenenamento de novo). É, pois, impossível tomar a morte como unidade sintática; esta será determinada pelo lugar que ocupa na novela.

A distinção entre sintaxe e semântica parece incontestável. Mas, um fato continua a criar dificuldades: as unidades dos dois planos são significativas. Não é por acaso que podemos designar umas e outras por palavras, de nossa língua, que são exatamente semelhantes: "matar" e "punir" são ambas significativas em francês. É, pois, preciso estabelecer: (1) Se a relação entre os dois planos pode ser puramente arbitrária, pois ambas são impregnadas de significação; e (2) Em que a significação sintática e a significação semântica são diferentes.

O estudo do *Decameron* pode-nos fornecer elementos para a primeira resposta. A relação entre a unidade sintática e a unidade semântica parece ser de natureza probabilista e não determinista. Não podemos saber, com certeza, de que natureza será um delito, mas podemos dizer que ele será, provavelmente, um adultério, um roubo ou um assassinato. A presença freqüente destes três delitos caracteriza o *Decameron*, em oposição a outros livros. Entretanto, é impossível falar de qualquer outra coisa que não seja a afinidade, e as exceções não faltam.

A segunda questão leva-nos a postular a existência de dois tipos de significação: uma sintática (ou SENTIDO), e outra semântica (ou REFERÊNCIA). Este segundo tipo de significação nos é bem mais familiar. A referência do verbo "matar" é o que nos permite identificar uma ação como sendo a de matar (o que não quer dizer, bem entendido, que é o ato de matar que constitui a referência da palavra MATAR). Voltaremos a este tipo de significação no próximo capítulo.

A significação sintática, ou sentido, se deixa cercar menos facilmente. Não é simplesmente o nível mais abstrato da referência, como se poderia crer. As duas significações são de natureza diferente: a referência é uma paráfrase da palavra com a ajuda de outras palavras e, portanto, uma relação paradigmática; o sentido se define unicamente pelas combinações nas quais esta unidade pode entrar; é a soma de suas possibilidades combinatórias. Por conseguinte, é impossível estabelecer o sentido de uma unidade isolada de seu contexto: o sentido de uma ação determina-se no interior de uma seqüência. O assassinato torna-se delito, uma vez integrado em uma série de proposições.

Desde que se tenta caracterizar o sentido, sempre se oferecem duas soluções extremas. A primeira consiste em identificar, de qualquer forma, o sentido da referência, e em procurar, por exemplo, o denominador semântico comum de todos os delitos do *Decameron*. Mesmo se o encontrássemos, não teríamos obtido o SENTIDO do delito, que se determina unicamente nas combinações narrativas. No segundo caso, reduzimos a zero o aspecto significativo e o transformamos em pura definição formal. Assim, poderíamos definir o delito como "uma ação X que está sempre: (a) na frente da seqüência; (b) seguida de uma relação causal que provoca uma ação não-X", etc. Esta exploração das propriedades formais é necessária e daremos um apanhado delas no capítulo sobre as relações entre proposições (III,1). Entretanto, tal apresentação não corresponde à imediata impressão que a leitura da novela causa; deixaríamos crer, assim, que nos nomes das ações ("delito", "punição") são puramente arbitrários e que podemos invertê-los: o que é, evidentemente, absurdo.

Falta encontrar o bom caminho entre estes dois extremos. O delito será definido sintaticamente como a ação que provoca uma punição (e, para a punição, o inverso). Modificar é a ação que pode provocar a transformação de um atributo em seu contrário. "As categorias sintáticas" — dizia Jespersen — "são, como Jano, de duas faces: uma voltada para a outra e a outra, para o conceito." Por isso mesmo, rompemos a circularidade das definições puramente formais, apoiando-nos em uma outra linguagem que é a língua natural. Quanto à ausência de uma distinção entre significação sintática e semântica, entre sentido e referência na língua, só pode ser aparente; as pesquisas de Emile Benveniste sobre os signos sintáticos e paradigmáticos (Cours du Collège de France, 1964-65) são um caminho para sua exploração.

Uma vez claramente estabelecida a distinção entre sintaxe e semântica em suas partes limítrofes, é preciso organizar a articulação dos dois planos.

No plano sintático, as proposições decompõem-se em agente (sujeito e, facultativamente, objeto) e predicado. No plano semântico, estas mesmas proposições decompõem-se em nomes próprios, substantivos, adjetivos e verbos. Os dois grupos de subconjuntos entram em relações precisas e não-ambíguas os adjetivos, os substantivos, e os verbos só podem ser predicados; inversamente, todos os predicados ou são adjetivos, ou substantivos ou verbos. A relação entre agentes e nomes próprios é biunívoca. Um adjetivo não pode-se tornar o agente de uma proposição, nem um nome próprio, seu predicado. Por exemplo, uma proposição sintática poderia se apresentar assim: "X pune Y" ou "X peca" (onde as letras X, Y ... designam agentes das proposições). No plano semântico, esta proposição torna-se "Guillaume de Roussillon mata Guardastagne" ou "Guardastagne comete adultério". A irregularidade da distribuição semântica, assinalada por Propp é, pois, de alguma forma, compensada pela regularidade formal rigorosa.

O sentido das unidades sintáticas define-se sempre da mesma maneira (pelas funções que elas assumem em uma unidade de nível superior); é uniforme. Nisto os agentes não diferem dos predicados. Em troca, a função sintática, de uns e de outros, é muito diferente: não confundimos o agente de uma ação com a própria ação. Inversamente, no plano semântico, todas as unidades parecem ter as mesmas aptidões formais; mas elas são muito diferentes na maneira como estabelecem a relação de referência. Aqui se estabelece uma nova distinção entre os nomes próprios, de um lado, os adjetivos, os substantivos e os verbos, de outro. Como vemos, este limite é uma projeção (ou se projeta sobre) da oposição entre agente e predicado.

2. Denominação e Descrição

Os lógicos distinguem bem denominação e descrição, mas, na língua, nem sempre percebemos até que ponto estas duas categorias se interpenetram. A palavra *referência* aplica-se, aliás, perfeitamente aos dois casos, pois se trata, em cada caso, da aptidão da palavra em evocar uma realidade extratextual. A língua natural não estabelece um limite claro entre estas duas relações que aparecem, quase sempre juntas, no interior de uma mesma palavra.

Se chamo alguém de "Jean Dupont", realizo essencialmente um ato de denominação, de identificação; tais palavras permitem identificar uma descontinuidade espaço-temporal, como se se tratasse de uma etiqueta sobre a fronte da pessoa nomeada. À primeira vista, esta expressão não descreve; mas, de fato, ela nos dá uma série de informações: trata-se de um ser humano, de um homem, de um francês dos mais "médios", etc.

Se, em troca, chamo alguém "o sapateiro", a operação essencial é de descrição: dou uma informação precisa sobre o ofício de uma pessoa e, portanto, sobre sua classe social, etc. Tomadas em um discurso concreto, entretanto, estas palavras podem identificar tanto quanto um nome próprio. A diferença entre as duas é de grau e não há oposição diametral.

Todavia estas duas relações permitem traçar uma divisão entre as classes gramaticais de palavras. De um lado, se encontram os nomes próprios, os pronomes-indicadores e os artigos que acompanham outras partes do discurso: todos servem essencialmente à denominação. De outro, os substantivos (nomes comuns), os adjetivos e os verbos: sua função primeira é a descrição.

Os nomes próprios foram, freqüentemente, apresentados como os denominadores por excelência (convém aqui relembrar que o sentido primeiro do nome PRÓPRIO não é o "nome que pertence a alguém", mas o "nome no sentido próprio", "nome por excelência"). Desde Mill, dizemos que os nomes próprios denotam mas não podem conotar, que eles têm uma extensão mas não têm compreensão. Entretanto, os nomes próprios significam, e o fazem de duas maneiras. Inicialmente, têm um sentido que é o de indicar a que classe de objetos pertence o indivíduo designado. Assim, um nome de pessoa não se confunde com um nome de animal (há, aliás, subdivisões posteriores: cães, cavalos, gatos, etc.), nem com um nome de país. Em segundo lugar, os nomes próprios recebem, imediatamente, significações associadas (conotações, no sentido não-lógico). Estas podem ser subdivididas em: (a) considerações etimológicas (cf. a questão freqüente "O que significa seu nome?"); (b) evocações pelo meio (no sentido lato; cf. Jean e Amédée, Robert e Roberto, etc.); (c) considerações estéticas gerais, ligadas à "beleza" dos sons (os "nomes bonitos" da época simbolista).

Apolônio Díscolo, que havia distinguido a maior parte das características do pronome, também notou que "o pronome se toma pelo nome próprio"[1]; mais ainda: segundo ele, o pronome é o identificador por excelência, porque o nome, e mesmo o nome próprio, descreve. Ao dizer "eu", "tu", não descrevo, mas indico com precisão de quem se trata.

Os pronomes, em si mesmos, só significam a substância, e é somente ao nos fazer ver a pessoa ou o sujeito, que eles mostram as qualidades acessórias (p. 77).

Enfim, todo nome, quando acompanhado de artigo ou de pronome (possessivo, demonstrativo, etc.) possui uma potência de denominação e de identificação acrescida. Este fato foi igualmente notado há muito tempo:

por meio do artigo, os apelativos, mesmo comuns, adquirem a força dos nomes próprios, e o fazem sem a ajuda de nenhuma espécie de epíteto [escrevia, por exemplo, James Harris][2].

"Este belo adolescente " é tão preciso quanto "tu" ou "Jean Dupont", mas tem uma força descritiva superior.

Estes três meios principais de denominação formam uma configuração complexa. Os nomes comuns se opõem, como vemos, aos nomes próprios e aos pronomes pelo seu grau de potência descritiva. Por outro lado, sabemos que os nomes próprios não se referem ao código da língua (são idealmente intraduzíveis); quanto aos pronomes, elas se distinguem, por sua dependência, do contexto fora do qual não permitem mais sua identificação.

É útil conceber os processos de denominação e de descrição como cunhados no nome próprio e no nome comum; estas partes do discurso são apenas uma parte acidental deles. Assim se explica o fato dos nomes comuns poderem, facilmente, se tornar próprios (Hôtel "Avenir") e, inversamente ("um Jazy"): cada uma das duas formas serve aos dois processos mas em graus diferentes.

1. Citado segundo E. EGGER, *Apollonius Dyscole: Essai sur l'Histoire des Théories Grammaticales dans l'Antiquité* (Paris, A. Durand, 1854), p. 109.
2. J. HARRIS, *Hermès, ou Recherches Philosophiques sur la Grammaire Universelle.* Traduzido por Fr. Thurot (Paris, ano IV).

Voltemos agora à narrativa e aos constituintes da proposição narrativa. A oposição entre denominação e descrição passa, freqüentemente, despercebida na língua, pois as duas relações podem estar presentes no interior de uma mesma palavra. Sua distinção na narrativa é bem mais clara. Não há aqui confusão possível entre um "denominador" e um "descritor". De início, o nome próprio narrativo aparece sempre na mesma função sintática (a de agente) que, por outro lado, só se pode realizar por um nome próprio. A gramática narrativa não conhece as duas outras formas habituais da denominação: é supérfluo falar de pronomes, pois estes não teriam nenhuma função distinta da dos nomes próprios. Quanto aos substantivos acompanhados de artigo, eles se prestam a uma análise que distingue, no interior de uma mesma palavra, seu aspecto denominativo e descritivo. Dizer, como o faz freqüentemente Boccaccio, "o rei da França", ou "a viúva", ou "o lacaio", é, ao mesmo tempo, identificar uma pessoa única e descrever certas de suas propriedades. Tal expressão iguala toda uma proposição: seus aspectos descritivos formam o predicado da proposição, seus aspectos denominativos constituem o seu sujeito. "O rei da França parte em viagem" contém, de fato, duas proposições: "X é rei da França" e "X parte em viagem", onde X desempenha o papel de nome próprio, mesmo que o nome esteja ausente da novela. Em nossa gramática da narração, a descrição estará, portanto, presente unicamente no interior do predicado.

3. As Categorias Primárias

a. Nome próprio

A oposição entre categoria primária e categoria secundária é conhecida desde a Antigüidade, e recebeu desde então numerosas denominações. Põe, de um lado, o que chamamos "as partes do discurso": nome, verbo, etc. e, de outro, as propriedades destas: tempo, modo, pessoa, número, caso, etc. Foi B. L. Whorf que deu grande importância à articulação desta oposição; as categorias SELETIVAS se distinguem das categorias MODULANTES (em sua terminologia) porque as primeiras são constantes (o nome permanece como tal em todas as circunstâncias), enquanto que as segundas são variáveis (um nome pode estar ou no genitivo, ou no dativo, etc.). Adotamos os termos (de Robins) "primários" e "secundários" por causa de seu caráter neutro, sem entendê-los no sentido de uma anterioridade temporal. Dado o isomorfismo perfeito dos planos sintático e semântico, trataremos as categorias correspondentes conjuntamente, por exemplo, o agente com o nome próprio.

A gramática da narração possui três categorias primárias que são: o nome próprio, o adjetivo e o verbo. Dividem-se imediatamente em dois grupos, opondo o nome próprio ao resto. Deve-se notar que todas as personagens do *Decameron* têm um nome preciso: o nome próprio não é somente uma categoria abstrata, mas também uma realidade das novelas de Boccaccio.

Sintaticamente, o nome próprio corresponde ao agente, mas o agente pode ser tanto um sujeito quanto um objeto. Estas duas funções aqui se mostram muito próximas: o objeto não faz parte, como em certas gramáticas, do predicado. A identidade semântica e morfológica do sujeito e do objeto confirma, de preferência, a sugestão de certos lingüistas de que o objeto é um sujeito oculto (Madvig), ou que o objeto é um sujeito retirado para a sombra (Schuchardt). O aparecimento, ou não, de um objeto depende do caráter transitivo ou intransitivo do verbo (cf. item *c*: verbo, pp. 36-43).

O nome próprio narrativo vê seu caráter descritivo reduzido a um mínimo; ele significa uma pessoa. Com efeito, a narrativa opera um corte antropocêntrico no léxico. A narrativa só pode ser humana (o que não quer dizer humanista); como nota Cl. Bremond, "onde não houver implicação de interesse humano (em que os acontecimentos contados não são nem produzidos por agentes nem recebidos por pacientes antropomorfos) não pode haver narrativa". As aparentes exceções a esta regra são apenas sua confirmação suplementar. Se há narrativas em que os agentes são noções abstratas ou seres inanimados, o leitor os percebe, humanizando-os: interpreta uns pela alegoria, outros por uma "animação".

O sentido de "pessoa" é, pois, tão geral, tão obrigatório, que nós não o percebemos como tal. Esta ausência de sentido torna o nome próprio perfeitamente apto a preencher sua função de agente. O agente é uma pessoa; mas ao mesmo tempo não o é. Com efeito, a estrutura da proposição mostra-nos que o agente não pode ser provido de nenhuma propriedade; ele é, mais exatamente, uma forma vazia que preenche os diferentes predicados (verbos ou atributos). Não tem mais sentido do que um pronome como "aquele" em "aquele que corre" ou "aquele que é corajoso". O sujeito gramatical é sempre vazio de propriedades internas; estas não podem advir senão de uma junção provisória com um predicado.

Esta propriedade dos agentes explica por que não temos necessidade de qualquer tipologia deles. Todo agente pode entrar em relação com todo predicado. As noções de sujeito e de objeto correspondem só a um lugar na proposição, e não a uma diferença de natureza. Não teremos necessidade de falar, como o fazem

Propp, Soriau e Greimas, do "herói", do "mau", do "justiceiro", etc.; estas características derivam do predicado e não do sujeito da proposição (nisto o AGENTE difere do ACTANTE). Falar do justiceiro é dar, elipticamente, uma proposição inteira que é "X faz justiça (iterativo)". O agente não é, pois, aquele que pode realizar uma ou outra ação, mas aquele que pode se tornar o sujeito de um predicado: sua definição é puramente formal. Quando estudamos uma novela particular, devemos dar conta da relativa estabilidade na junção de um agente com um predicado; mas este problema é pertinente unicamente ao quadro de uma descrição concreta, não ao de uma gramática.

Assim, esvaziando o agente de toda propriedade semântica, devemos apresentar diferentemente o caso em que um mesmo nome próprio teria realizado várias funções sintáticas. Por exemplo, Andreuccio di Pietro (II,5) primeiramente se deixa roubar por uma siciliana, depois, ele próprio faz um roubo em um túmulo, teme a punição, etc. Então, não diremos que ele é ao mesmo tempo o herói e a vítima, ou o destinador e o destinatário, etc., mas que ele se torna sucessivamente o agente de uma série de predicados que, estes, se prestam a uma tipologia.

Poderíamos nos perguntar se, neste caso, as noções de nome próprio e de agente não se recortam, o que nos permitiria fazer economia de uma das noções. Com efeito, a existência de dois termos se justifica, com as seguintes condições: (a) que um nome próprio possa representar vários agentes ao mesmo tempo, ou (b) que um agente possa ser representado por vários nomes próprios de uma só vez. Ora, vimos que o primeiro caso não é pertinente para a distinção; o que se passa com o segundo?

Aqui, somos levados ao problema do NÚMERO. Com efeito, um agente pode ser representado por várias personagens (vários nomes próprios) e isto justifica a existência de duas noções. A língua exprime a categoria do número por duas formas principais: os adjetivos numerais e o número dos substantivos (em francês, o plural). A narrativa emprega os numerais ou vários nomes próprios para assumir a mesma função. Mas entre o nome próprio e o agente, vários graus de diferenciação se deixam observar. Estes graus dependem da possibilidade que têm os nomes próprios de aparecerem, ou não, separadamente.

O primeiro grau é o do aparecimento constante de alguns nomes próprios um ao lado do outro. É o caso dos três irmãos: Lamberto, Tebaldo e Agolanti, que esbanjam seu dinheiro (II,3), mas entre os quais não há distinção; ou dos três bandidos que roubam a mala de Rinaldo d'Asti e são igualmente punidos: "Quanto aos três gatunos, eles deviam, no dia seguinte, balançar suas pernas ao sopro de Borea" (II,2); ou ainda, "um grupo bem armado e provido de bestas" (II,4) que toma todas as riquezas de Landolfo. Como vemos, a fusão das personagens em um só agente é tal que estes podem nem mesmo ser nomeados (caso raro no *Decameron*). Acontece aproximadamente o mesmo com dois amigos pintores, Bruno e Buffalmacco, personagens de várias novelas, que formam um só agente, se bem que eles repartam suas tarefas em suas zombarias.

O segundo grau, caso mais interessante, é aquele em que algumas personagens agem conjuntamente em um momento da intriga, mas participam, o resto do tempo, de ações independentes. São muito freqüentemente dois namorados que só são reunidos por uma proposição. Assim, Gianni e Restituta (V,6) devem ser punidos juntos, mas seus destinos eram, antes, bastante diferentes: Restituta havia sido raptada por marinheiros e entregue ao Rei Frederico; Gianni pôs-se a sua procura. O mesmo acontece com Constança e Martuccio (V,2) cujo destino é idêntico no início e no fim da novela, mas não no meio: ele é prisioneiro do rei de Túnis, enquanto que ela, partindo à sua procura vive aventuras. Outro caso é apresentado em IV,3: os três jovens e as três irmãs agem da mesma forma no início da novela, mas tomam, em seguida, papéis totalmente diferentes.

Existe, enfim, um terceiro grau que não mais se assemelha ao número gramatical tal qual nos apresenta a língua. É o caso em que duas personagens realizam ações que, mesmo sendo ligeiramente distintas, do ponto de vista semântico, são perfeitamente idênticas sintaticamente. Por exemplo, Pedro e Agnolella (V,3) estão separados na floresta; cada um deles percorre aventuras diferentes, mas que se equivalem nos obstáculos à sua união final. O mesmo acontece em V,5, onde dois jovens aspiram ao amor da mesma jovem: ainda que Giannol se sirva do criado, enquanto Minguino, da criada; mesmo que um entre na casa alguns minutos antes do outro, são, entretanto, um só e mesmo agente. Esta identidade de funções permite aproximar personagens que aparecem em seqüências diferentes, ainda que no interior da mesma novela: assim, José pune sua mulher pelo mau caráter, dando-lhe pauladas, e o burriqueiro pune sua mula pelas mesmas razões e pelo mesmo meio (IX,9).

É prático designar os agentes por letras maiúsculas como X, Y..., o que reflete seu caráter não-definido. Podemos, pois, escrever X_1, X_2,... para indicar a existência de um número de personagens superior a um, que tenham a mesma função sintática.

b. Adjetivo

O predicado de uma proposição contém toda informação

sobre ações ou qualidades do agente. Por conseguinte, todas as partes do discurso que contenham um lexema encontram-se ligadas ao predicado. Essas partes são, em francês: o substantivo, o adjetivo, o verbo e o advérbio. Entretanto, na gramática narrativa, o advérbio (de intensidade) não é mais uma categoria primária, mas secundária e se confunde com o comparativo (cf. mais adiante). Quanto ao substantivo, nós o consideramos, como sempre, transformável em um ou vários adjetivos, estando nisso de acordo com certas teorias lingüísticas, como a de H. Paul:

O adjetivo designa uma propriedade simples, ou representada como simples; o substantivo contém um complexo de propriedades (*Prinzipien der Sprachgeschichte*, §251).

Os substantivos se reduzem, no *Decameron*, quase sempre a um adjetivo; assim "gentil-homem" (II,6; II,8; III,9), "rei" (X,6; X,7), "anjo" (IV,2) refletem todos uma só propriedade que é "ser bem-nascido". É preciso notar, aqui, que as palavras em nosso idioma, pelas quais designamos esta ou aquela propriedade, ou ação, não são pertinentes para determinar a parte do discurso. Uma propriedade pode ser designada tanto por um adjetivo quanto por um substantivo, ou mesmo por uma locução inteira. Trata-se, aqui, de adjetivos ou de verbos da gramática da narração e não da de nosso idioma.

As partes do discurso tradicionais se reduzem, pois, a duas somente: os adjetivos e os verbos. Estas duas classes não são, aliás, irredutíveis uma à outra: como já notamos, freqüentemente, a oposição entre verbo e adjetivo não é a de uma AÇÃO sem medida comum com uma QUALIDADE, mas a de dois ASPECTOS, provavelmente iterativo e não-iterativo. Certas razões, entretanto, obrigam-nos a manter separadas as duas categorias.

Sintaticamente, os verbos e os adjetivos realizam, ambos, o predicado, mas as relações entre proposições permitem ver que eles têm funções diferenciadas. A função do adjetivo é a de ser ATRIBUTO, e uma proposição atributiva pode não ser seguida imediatamente de uma relação causal. Em contrapartida, as proposições verbais estão sempre ligadas diretamente à causalidade, ainda que de maneira multiforme. Como vemos, o termo VERBO designa tanto uma categoria semântica quanto uma categoria sintática; o contexto ajudará a advinhar de qual das duas se trata em cada caso particular.

O sentido (sintático) dos adjetivos é sempre o mesmo: o de uma "qualidade", de um "traço característico". Do ponto de vista semântico, podemos subdividir os adjetivos em três grupos que não têm pertinência sintática imediata, se bem que certas afinidades se deixem observar.

O primeiro grupo de adjetivos pode ser chamado os ESTADOS. Eles se opõem aos outros adjetivos como o pontual ao durativo. Os diferentes estados podem ser considerados como variantes de um só estado fundamental, com dois valores opostos: "feliz/infeliz". O mínimo de felicidade é permanecer vivo: assim acontece com Pedro e Agnolella (V,3), após uma noite em que ele é molestado pelos lobos e ela, pelos bandidos. Senão, a felicidade é, ou material (ter riquezas), ou moral-física, e então significa amor carnal. Assim, a felicidade dos três irmãos (II,3) consiste em encontrar suas riquezas; o mesmo se dá com a felicidade de Landolfo (II,4). A proximidade dos dois tipos de felicidade é indicada, por exemplo, em II,5: Andreuccio acredita encontrar a felicidade no amor da siciliana, e, na realidade, é ela que encontra a sua, despojando-o de seu dinheiro.

O amor é, como se sabe, o estado mais manifesto no *Decameron*. A análise sintática das novelas permite ver que se trata sempre de um estado quase físico; não existe amor platônico. Mais exatamente, em uma mesma novela, não podemos jamais estabelecer dois atributos distintos com funções diferentes, e cuja referência seria, para um, o amor carnal, e para outro, o não-carnal. Isto não quer dizer que o amor, como aparece nas diferentes novelas, permanece sempre idêntico. Há, seguramente, uma diferença entre o amor do cura e o de Belcolore (VIII,2) e o de Lisabetta (IV,5); entretanto, mesmo neste último caso de amor puro, Boccaccio nos diz:

> O caso ia tão bem que, movidos por igual atração, os jovens não tardaram a, tendo se jurado sua fé, satisfazer o que era, para um e outro, o seu mais caro desejo.

As variantes negativas desta oposição se repartem de maneira análoga. Pode-se ser infeliz pela ausência de amor (IV, 6; IV, 8) ou de riqueza: assim acontece com Senhor Ruggieri que não está contente com os magros presentes que lhe dá o rei da Espanha (X,1). Pode ser também uma infelicidade de ordem social: ser obrigado a deixar a casa, trabalhar duro, etc. (II, 9); ou ainda uma infelicidade puramente física, como a de Margarida, a incrédula que, apesar dos conselhos de seu marido, vai à floresta onde

> um lobo terrível e gigantesco surge de uma espessa moita. Diante disso, ela nem teve tempo de dizer "Deus! socorro!", que o lobo lhe saltou ao pescoço, a pegou ... (IX,7).

A morte é o grau superior da infelicidade (enquanto a vida era o mínimo de felicidade), mas ela não está presente senão como possibilidade: Constança, infeliz, quer se matar e se lança, em pleno mar, em um barco; este chega, tranqüilamente, a uma praia (V,2).

As desventuras de Calandrino (nas "facécias") formam um caso particular que examinaremos mais tarde.

O segundo grande grupo de adjetivos é formado pelas PROPRIEDADES. Elas possuem a categoria "durativo" (o que não quer dizer que elas sejam imutáveis); por outro lado, as propriedades têm um caráter interior, em oposição ao terceiro grupo de adjetivos.

Ainda aqui, a repartição maniqueísta em bom e mau continua presente. As propriedades podem também ser positivas ou negativas; a diferença é que as propriedades negativas estão bem mais espalhadas. Correspondem, *grosso modo*, aos pecados canônicos: o orgulho (VI,8), a fraqueza (I, 9), a inveja (X,3), a libertinagem (I,2), a patifaria (I,1), a avareza (I,7 e I,8), a avidez (VI,2; IX,8), a falta de respeito da mulher em relação ao marido (IX,7; IX,9) ou ao seu pretendente (I,10), de um homem em relação à mulher (VI,3); tais pecados, entretanto, não caem sob o domínio de uma lei qualquer, não provocam automaticamente uma punição; por isso se distinguem dos delitos, como observaremos mais tarde.

Os termos positivos destas propriedades são raros (a negação dos negativos é mais freqüente que seu contrário), salvo no décimo dia, que é consagrado à generosidade (X,1; X,2; X,9). Observemos o fato, sobre o qual voltaremos, de que, sendo o tema deste dia a "bela ação", a grandeza de alma, etc., a única propriedade verdadeiramente valorizada é a generosidade: dar sem nada pedir de volta.

As propriedades enumeradas são, de alguma forma, propriedades da "alma"; há outras que concernem antes ao "espírito". Louva-se os que são espirituosos, que têm o espírito vivo (as novelas do sexto dia); zomba-se, ao contrário, dos que, por exemplo, falam mal (VI,1). O acordar da inteligência que se manifesta em Cimone (V,1) também valoriza uma propriedade do espírito. A burrice, seu contrário, é descrita sobretudo nas "facécias" ou nas novelas sobre Calandrino, Mestre Simão, etc.

O terceiro grupo de adjetivos é formado pelos ESTATUTOS. São qualidades exteriores, independentes da vontade do sujeito, em oposição às propriedades. O aspecto durativo é aqui ainda mais revelado, mas certas mudanças permanecem possíveis: assim, o judeu torna-se cristão (I,2) e, ainda melhor, o homem se transforma em mulher:

Levando a mão ao seio do abade, o jovem encontra dois globos elásticos e doces que se poderia crer de marfim. Compreendeu imediatamente que se tratava de uma mulher (II,3).

Os estatutos concernem, pois, ao estado biológico e religioso; além disso, descrevem a situação social. Assim acontece com esta qualidade que desempenha, freqüentemente, um grande papel no *Decameron*: ser bem-nascido. Conrado conserva, na prisão, Giannoto-Jusfredo enquanto o crê de baixo nascimento, mas lhe dá sua filha por esposa quando fica sabendo que seu pai era governador (II,6). Da mesma forma Teodoro é salvo da forca quando reconhecido por seu pai, rico embaixador armênio (V,7). O superlativo do bom nascimento é evidentemente ser rei ou ainda o "anjo Gabriel" (IV,2).

Enfim, um estatuto particular é o da pessoa casada. Enquanto o amor platônico não tinha um lugar estrutural independente do amor carnal, o amor legalizado, ou não, forma dois estatutos. Assim, Giannetta pode responder a sua sogra, que gostaria de vê-la tornar-se amante de seu filho:

Se lhe agrada dar-me um marido, tenciono amá-lo, mas não um outro (II,8).

Podemos parar aqui este inventário dos adjetivos no *Decameron*. Lembremos que ele leva em conta unicamente as qualidades que fazem parte das proposições inclusas nas seqüências mais gerais de cada novela. Designaremos os adjetivos por letras maiúsculas, tais como A, B, C...

c. Verbo

Ao contrário dos adjetivos, que aparecem todos na mesma função atributiva, os verbos do nível semântico repartem-se em três verbos sintáticos, qualitativamente diferentes. Designá-los-emos, para maior comodidade, por três letras: *a, b, c*.

O verbo *a* é o mais importante de toda a coletânea. Não está ausente de nenhuma novela e, portanto, faz parte da própria definição do gênero novela (ou do gênero "novela boccacciana": aí está uma questão que ainda não podemos responder). Além de sua onipresença, goza de um lugar de primeira importância em cada novela; podemos dizer que, de fato, a estória se reduz a este único verbo: ela consiste, como veremos em seguida, em encontrar um novo conteúdo semântico para o verbo *a*.

Seu sentido (sintático) é: modificar a situação ou, mais precisamente, é uma ação que tem por fim modificar a situação.

Haverá, pois, uma "situação" antes e depois dele; o sentido deste verbo é o de tentar diferenciar uma da outra. Esta situação se constitui, seja de proposições atributivas, seja de uma proposição que contenha outro verbo (b). A modificação se reduz à inversão do signo (do + ao –, ou inversamente) do mesmo predicado, isto é, à transformação negativa ou oposicional.

As propriedades formais do verbo *a* são muito claras. A proposição que o contém não pode jamais aparecer no início ou no fim da seqüência; ele tem uma posição obrigatoriamente mediana. Não se presta à transformação negativa ou oposicional. Pode ser transitivo ou intransitivo; mas por razões de simplicidade, o consideraremos intransitivo. É seguido, obrigatoriamente, por um signo de implicação (⇒): a proposição que o contém é sempre uma "causa".

Há um único caso em que o fato não se produz: quando esta proposição é seguida de uma outra que contém igualmente o verbo *a* mas em um grau diferente (é o comparativo, como veremos mais adiante). Se houver uma causalidade entre as duas proposições (é a ação e a sua REAÇÃO), ela terá em todos os casos, um caráter diferente da que transforma um atributo em seu contrário.

Semanticamente, o verbo *a* é excepcionalmente variado. Este fato não deve surpreender: a originalidade de cada novela consiste na descoberta de um novo meio de "modificar a situação". Ser diferente é sua própria razão de ser: a rigor, não há, e não pode haver, duas novelas que apresentem exatamente o mesmo conteúdo para este verbo; senão teríamos a impressão de ler a mesma novela. É por isso que, se quisermos dar uma visão geral das diferentes realizações deste verbo sintático, temos de ficar em um nível muito abstrato: só assim poderemos chegar a uma lista fechada.

Eis os principais conteúdos semânticos:

(1) Disfarçar ou revelar. Estes dois verbos semânticos formam uma espécie de caso-limite: aqui, não modificamos realmente a situação, mas fazemos crer, a alguém, que ela foi modificada. As duas possibilidades repartem-se segundo o caráter positivo ou negativo da situação inicial. Se for má, fazemos com que pareça boa (é o disfarce); se for boa, mas não for percebida por certas personagens, fazemo-la ver (revelação). No *Decameron*, os disfarces são bem mais freqüentes que as revelações.

Poderíamos dividir em duas esta maneira de modificar a situação, conforme a modificação se realize ou não com a ajuda de uma narrativa. Obteríamos assim quatro casos distintos. O primeiro é aquele em que disfarçamos com o auxílio da narrativa. Por exemplo, Alatiel, que havia sido enviada a seu futuro marido, cai em mãos estrangeiras; troca oito vezes de amante, tendo cada um deles a raptado do precedente. Mas um dia ela volta para a casa do pai e lhe conta uma estória falsa, segundo a qual ela teria passado este tempo orando em um convento. Seu pai acredita e a reenvia ao príncipe que lhe fora destinado incialmente como marido. O resultado:

> Alatiel que, talvez mais de mil vezes, havia dormido com oito homens diferentes, vai para o leito do príncipe, a título de donzela, e lhe dá a ilusão de virgindade (II,7).

Temos, pois, aqui, um belo exemplo de disfarce pela palavra, sustentado no fim por um disfarce não-verbal. Um exemplo parecido encontra-se em VII,1: logo que o amante bate à porta, não sabendo que naquela noite o marido de sua amante está em seu leito, esta inventa uma estória de fantasma, que acalma o ciúme do marido.

Os disfarces sem narrativa são igualmente freqüentes. Giletta de Narbona desliza assim para o leito de seu marido, que não quer dormir com ela, apresentando-se como uma outra (III,9); da mesma forma o palafreneiro audacioso repete, sobre todos os companheiros, a marca que o denunciaria como o culpado, e, evita, justamente por isso, a punição (III,2).

As revelações são igualmente feitas, ou por uma narrativa (Andreoula se livra das acusações que pesam sobre ela contando sua estória: IV,6), ou por uma atitude não-verbal (por exemplo, ouvindo bem a noite, em III,7).

(2) Podemos também modificar a situação, fazendo um jogo de palavras, encontrando uma bela metáfora, contando uma parábola. Mesmo sendo semanticamente muito próximas, tais ações se subdividem, segundo sua função, em dois grupos: ou se dá mostras de um espírito forte, vivo, etc., o que provoca, indiretamente, a renúncia a uma ação hostil, ou a zombaria é, diretamente, uma arma que fere o interlocutor. O primeiro caso é ilustrado por VI,4: Chichibio ofereceu à sua bela a coxa de grua que ele estava cozinhando para seu amo; este se apercebe da assimetria mas Chichibio assegura-lhe que as gruas têm só uma pata. O amo, furioso, leva-o no dia seguinte perto d'água para lhe provar o contrário. Chichibio vê, para sua felicidade, algumas gruas que dormem, empoleiradas sobre um pé; ele as mostra a seu amo; mas basta que este solte um grito para que as gruas mostrem a segunda pata. "Que lhe parece, guloso, você acha que elas têm duas patas?" Todo trêmulo, e não sabendo nem ele mesmo de onde lhe vinha a inspiração, Chichibio exclama:

Sim, meu senhor. Mas o senhor não gritou "oh! oh!" àquela de ontem à noite. Se o senhor tivesse gritado assim, ela teria mostrado a outra coxa e o outro pé como aquelas ali.

Esta resposta feliz dissipa a cólera do amo, e Chichibio fica livre. Temos, pois, aqui, um exemplo de mudança na situação, graças a um achado verbal; a situação é parecida em VI,7, em que Filipa escapa ao carrasco por uma resposta considerada espirituosa ("que devo fazer do supérfluo?"). O outro caso é o da palavra agressiva: assim Nonna Pulci defende sua honra por uma réplica imediata (VI,3), ou a dama de Gasconha transforma um príncipe covarde em um homem enérgico (I,9).

A palavra-de-efeito tem um lugar de honra no *Decameron*; não é por acaso que um dia inteiro (o sexto) é consagrado "àqueles que, vítimas de um ataque, repelem-no com um lance espirituoso". Às vezes, chegamos a ter a impressão de que a novela inteira está ali só para criar um quadro, para dar um pretexto à zombaria. Esta interpretação parece particularmente justificada no caso em que a zombaria não é suficiente, apesar da intenção, para modificar a situação precedente. Então, estamos no estatismo total, sendo que só o jogo de palavras comporta um elemento dinâmico: como em VI,8.

(3) Uma forma bastante mais rara no *Decameron* é a ação física que pode ser ou ataque à mão armada ou resistência física também. Assim, Gerbino ataca os navios dos sarracenos para raptar sua bem-amada (IV,4); e Cimone realiza a mesma ação (V,1). A resistência é ilustrada em II,3: Landolfo salva-se porque nada durante vários dias. A fraca freqüência deste verbo é significativa: a força física não é um atributo apreciado no livro.

(4) Uma outra forma de modificar a situação é a de chamar em socorro alguém mais forte: seja provocando compaixão, seja pedindo sua ajuda, sob forma de conselho. O tema da ajuda mútua é, também, tratado com freqüência no *Decameron*. Podemos citar aqui um exemplo, II,1: Martelino arrisca-se a ser severamente punido, mas é salvo pela intervenção de um habitante influente de Treviso. Para o conselho, a novela, já citada, de Salomão (IX,9) pode servir de exemplo.

(5) Uma modificação fácil é trazida à situação pela mudança de lugar do agente; dito de outra forma, pelo distanciamento ou aproximação. Para que os três jovens casais sejam felizes, precisam deixar Marselha (IV,3); é levado a Girolamo a Florença, para que seu amor se acalme (IV,8); para fazer a corte à Marquesa de Montferrat, o rei da França empreende uma viagem (I,5), etc.

(6) Enfim, é possível modificar a situação, instaurando-se

um certo sistema de troca, pagando ou dando gratuitamente. Em IV,3, um dos casais chega a salvar-se comprando a guarda Madalena salva a irmã, oferecendo-se ao duque. No sexto dia é a dádiva generosa que modifica a situação: assim, o Senhor Gentil devolve a Niccoluccio sua mulher, embora preferisse guardá-la para si (X,4), etc.

Repitamos, no fim deste levantamento, que é bastante geral: cada realização do verbo *a* terá algo de individual.

Os verbos *b* e *c* encontram-se em estreita relação entre si e devemos examiná-los, em parte, juntos. O sentido de *b* é: realizar um delito, pecar, transgredir uma lei; o de *c* é punir. Ambo acham-se, pois, idealmente, em uma relação de implicação (ou, mais precisamente, de pressuposição, mas não levaremo em conta esta nuança). Veremos mais tarde que quase nenhuma novela observa inteiramente tal implicação; o delito é raras vezes seguido, imediatamente, de uma punição. Mas nem por isso a implicação está menos presente; mesmo que haja uma só proposição, se ela comportar um dos dois verbos, uma outra proposição, complementar, será subentendida. A definição de *b* poderia ser: que provocará uma punição; a de *c*: que é provocada por um delito.

O verbo *b*, que implica sempre outra proposição, se assemelha, nisto, ao verbo *a* que, já vimos, tem a mesma propriedade sintática. Entretanto, aparece já uma diferença: enquanto que a conseqüência de *a* é, a cada vez, diferente (é a inversão da proposição precedente), a de *b* é sempre a mesma: a punição. Para que tomemos consciência dos efeitos de *a*, devemos no-lo mostrar, representar; enquanto que a causalidade de *b* está contida no próprio verbo; portanto, os dois se opõem como o externo ao interno.

Outras analogias são observáveis entre *a* e *b*: assim, poderia ser descrito como "provocar uma modificação na situação precedente": cria-se um delito onde reinava a ordem. Mas esta modificação tem uma natureza diferente da modificação em *a*. Esta modifica uma situação concreta, uma configuração ocasional de atributos. O delito, em compensação, é a transgressão de uma lei geral, comum a toda a sociedade e atestada (virtualmente) em todas as novelas. *a* e *b* opõem-se como o individual ao social, a variável à constante. Os delitos são sempre os mesmos porque concernem às mesmas leis; as modificações só podem ser diferentes, uma vez que concernem a situações únicas.

Esta diferença entre os dois verbos explica sua compatibilidade. Com efeito, estando *a* presente em todas as novelas, aparece também depois de *b*. No *Decameron*, a punição é ou diferençada ou diferençada e depois negada: uma proposição q comporte *a* intercala-se entre *b* e *c*. Esta modificação (*a*) consiste, aqui, em evitar a punição; podemos dizer que, neste caso, duas transgressões se sucedem: a primeira diz respeito a uma lei qualquer da sociedade; mas esta transgressão é prevista pela lei e as punições são criadas para apagar seus resultados. Então, *a* representa uma transgressão secundária, uma metatransgressão: infringimos a lei segundo a qual as leis devem ser respeitadas, sob pena de punição; aquela que assegura o funcionamento das leis.

O caráter universal do delito (no mundo do *Decameron*, bem entendido) faz com que este apareça na frente da seqüência; mais precisamente, ele pode, mas não deve, ser precedido de uma outra proposição. Com efeito, as leis são conhecidas por todos e podemos nos referir a elas sem introdução particular. Em alguns casos, bastante raros, devemos precisar, no início, o ESTATUTO da personagem: certas ações são pecados em condições bem precisas. Por exemplo, dormir com um homem é pecado para uma religiosa, uma moça, etc., mas não para toda mulher... Por outro lado, se somos bem-nascidos, certas ações deixam de ser delitos: um escravo é passível de morte se faz um filho com uma jovem aristocrata, mas para um homem de condição livre o pecado não existe (V,7). Tal relação mostra, paralelamente, a autonomia sintática dos estatutos em relação aos outros atributos.

O verbo *b* é sempre intransitivo; é a gente mesmo que faz um pecado. Nisto, ele se opõe ao verbo *c* que é sempre transitivo: pune-se alguém, mesmo que este alguém seja o sujeito da ação punidora (autopunição).

Semanticamente, o verbo *b* dá-nos uma imagem dos pecados canônicos da época, se bem que sua freqüência relativa pareça depender, sobretudo, das preferências de Boccaccio. O delito que é, de longe, o mais freqüente, longamente explicado e ilustrado em toda sua variedade, é o do ato sexual sobre o qual pese uma proibição qualquer; o caso mais corrente aqui é o da mulher que engana o marido (uma defesa justificando esta atitude está contida em (V,10). Estas novelas são tão numerosas, que nos contentaremos em enumerá-las aqui: II,9; III,4; IV,1,9 e 10; V,10; VI,7; VII,1 à 10 (é o mesmo tema do dia); VIII,8; IX,6. Comparados a esta abundância, os casos contrários não são notados: uma das raras novelas em que tal ação é considerada, pelo marido, um delito, concerne a Calandrino (IX,5). As outras variantes deste pecado dizem respeito às jovens (II,7; IV,6; V,4 e 6; IX,6), aos religiosos (I,4; III,1; V,2; VIII,4; IX,2), a pessoas de condição social inferior (II,8; III,2; IV,5; V,7).

Os outros delitos são bastante mais raros: roubar (IV,10; V,2; IX,4); matar (III,7; IV,3 e 7); comer (I,6; VI,4); embriagar-se (VII,4 e 8); faltar ao respeito (IX,8 e 9). Há finalmente alguns casos únicos, como blasfemar (II,1), trair uma promessa (IV,4) e mesmo ter o coração duro (V,8), fazer parte de um povo inimigo (X,9) ou, paradoxalmente, ser rico (o Abade de Cluny, em X,2).

Já assinalamos certas propriedades do verbo c (punir) ao tratarmos de b. Aparece sempre depois dele e pode, mas não deve, ser seguido de uma outra proposição. No *Decameron*, é raramente descrito por que as punições são quase sempre evitadas; aparece, pois, sobretudo, em sua forma negada, quando não em sua oposição. Uma descrição parecida é um fato raro neste livro:

> O sultão deu, imediatamente, ordem de o expor ao sol, atado a uma estaca e untado de mel, em um lugar elevado da cidade, e de não retirá-lo antes que o corpo não desabasse por si mesmo... No mesmo dia em que o tinham atado à estaca e besuntado de mel, Ambrosinho, terrivelmente atormentado pelas moscas, pelas vespas e pelos moscardos, que infestam a região, morreu e chegou a ser devorado até os ossos. Mantido por laços, seu esqueleto permaneceu muito tempo sem vacilar e ofereceu, a todos os que o viam, a imagem de seu crime (II,9).

Quanto a seu conteúdo semântico, este verbo é ainda menos variado que b. Muitas vezes, menciona-se a punição sem lhe dar maior precisão. Aliás, os casos mais freqüentes são: matar (decapitar, enforcar, queimar) e jogar na prisão. Outras possibilidades: infligir sofrimentos físicos (IV,2); VII,4,7,8; IX,5 e 9); em V,8 há um caso mais peculiar:

> De estoque em punho, ele investe contra a jovem. De joelhos, abocanhada solidamente pelos mastins, a infeliz pedia graça. Com toda sua força, o carrasco a atinge em pleno peito e a atravessa de lado a lado. A vítima cai, o rosto contra o solo, mas continua a gritar, chorando. O furioso pega então de um cutelo e lhe fende os rins. Extrai-lhe o coração e as vísceras vizinhas, que atira aos cães, os quais, esfomeados, devoram-nos imediatamente, etc. [lembremos que esta cena macabra se passa, de certa forma, no inferno].

A punição também pode ser: privar de riquezas, impor uma vida difícil (I,6; II,8; IV,4;X,9); injuriar (VII, 8;IX,8); matar o ser amado de alguém para causar-lhe sofrimentos morais (IV,1,5 e 9); prender em casa (VII,5).

Dissemos, no início, que os verbos, sendo não-iterativos, opõem-se aos adjetivos que contêm o aspecto iterativo. As subdivisões ulteriores, trazidas nestas duas grandes categorias, permitem-nos precisar, agora, a relação: existe, de fato, uma gradação que começa pelo iterativo, o estável, e que termina pelo não-iterativo, pela ação única; as diferentes subclasses ordenam-se como se segue: estatutos — propriedades — estados — verbos *b* e *c* — verbo *a*.

4. Os Campos Semânticos

Para proceder a um levantamento do "léxico" narrativo do *Decameron*, partimos da subdivisão das partes do discurso. É igualmente possível partir desta unidade narrativa que é a novela particular, e observar os aspectos semânticos de todos seus constituintes. Então, apercebemo-nos que existe uma grande proximidade na significação das unidades isoladas; dito de outra forma, descobrimos uma redundância de certas categorias semânticas. Os problemas, que esta crítica levanta, são bem conhecidos pela crítica temática, ou pela lingüística, que os estuda a propósito dos campos ditos semânticos ou sinonímicos; em uma perspectiva diferente, A.-J. Greimas descreveu este fenômeno sob o nome de isotopia.

Não nos demoraremos sobre os aspectos da narrativa porque não derivam verdadeiramente de sua gramática. Que seja suficiente assinalá-los por alguns exemplos. Podemos dividi-los, segundo a função sintática da unidade semântica; há, então, três casos a considerar: relações semânticas entre atributo e atributo, entre verbo e verbo, entre atributo e verbo.

Esta última relação é muito importante para a narrativa psicológica: os atributos fornecem as motivações das ações ("X está colérico ⇒ X mata sua mulher". A proximidade semântica dos dois predicados é evidente). O *Decameron* que depende, a maior parte do tempo, de uma literatura inteiramente apsicológica conhece, entretanto, esta aproximação; mas a neutraliza, precisamente, pela redução excessiva da distância. O atributo e o verbo não se distinguem, então, a não ser pelo seu aspecto: iterativo/não iterativo[3]. É o caso de certas novelas do décimo dia. Guino di Taco, salteador de coração aberto, realiza uma ação generosa, curando o Abade de Cluny (X,2); o adjetivo parece ser a motivação do verbo, mas, de fato, só conhecemos o atributo por esta ação generosa: ele é, pois, ao mesmo tempo, o resultado dela. O mesmo acontece quanto à generosidade de Natã em relação a Mitrídanes (X,3), causa e efeito de seu gesto autodestrutivo.

A proximidade semântica dos dois atributos é bastante freqüente. Às vezes, os encontramos na mesma personagem e, en-

---

3. Cf. "Os Homens-Narrativas", in TODOROV, T., *As Estruturas Narrativas,* São Paulo, Perspectiva, 1970, pp. 135-146.

tão, sugerem, de novo, uma causalidade; por exemplo, Calandrino é burro e, em conseqüência de sua burrice, infeliz (as facécias). Uma vez que se distribuem em duas personagens podem ou ser complementares (Pirro torna-se confiante porque Lídia se mostra digna de confiança: VII,9), ou formar um contraste e, portanto, uma tensão dramática: assim, Guilherme é o avô de Gerbino; ora, um e outro são sujeito e objeto de uma punição (IV,4).

A proximidade semântica de dois verbos toma um lugar ainda mais importante de acordo com o papel sintático dos verbos. Assim, em IX,4, novela fundada na semelhança entre a aventura vivida por Angiulieri e a inventada por Fortarrigo. Da mesma forma, em VI,10, a zombaria dos dois amigos consiste em transformar uma presença em ausência (dissimular a pena prometida aos camponeses), equanto que a contra-ação do Frade Cipolla transforma a ausência em presença (os carvões deixados no lugar da pena tornam-se "carvões da grelha de São Lourenço"). O tema está particularmente elaborado em IV,8. Para impedir o amor de Girolamo por Salvestra, a mãe deste obriga-o a partir para longe de sua cidade. Quando volta, dois anos mais tarde, está mais apaixonado que nunca, mas Salvestra se casou neste meio tempo. Girolamo penetra em seu quarto à noite e implora seu amor, mas ela quer permanecer fiel a seu marido. Então, Girolamo se estende ao lado dela:

> Toma, subitamente, a decisão de morrer. Sem dizer uma palavra, ele retém a respiração, apertando os punhos, e entrega a alma ao lado da jovem.

Salvestra se desembaraça do corpo, mas quando ela o vê exposto na igreja, sente um grande amor por Girolamo. A emoção é tão forte que ela morre sobre seu corpo.

Esta novela põe em evidência, pelo conteúdo semântico de seus verbos, o tema da distância. A distância máxima (a viagem) não pode matar o amor; da mesma forma, a distância mínima (no leito de Salvestra) não pode lhe dar a vida. Só a morte, que introduz uma não-distância, faz nascer o amor; mas o amor significa, neste momento, a morte de Salvestra.

Podemos aproximar não só as categorias semânticas no interior de uma novela, mas entre duas novelas. Existem, assim, novelas semanticamente próximas: por exemplo, o monge Dom Felice faz crer a um burguês de nome Puccio, que se ele quiser se tornar um santo homem deve-se fechar em uma peça distante, imóvel; durante este tempo, o monge passa o tempo com sua mulher (III,4). Por outro lado, um abade faz crer a Ferondo que este se encontra no Purgatório, para chegar aos mesmos fins (III, 8). Outras novelas parecem tão próximas que podemos considerá-las variantes umas das outras: assim, em IV,9, a mulher come o coração de seu amante, morto por seu marido, depois se joga pela janela; em IV,1, ela contempla o coração do amante, que seu pai lhe envia, antes de se envenenar. Poderíamos, assim, estabelecer séries de novelas que possuem os mesmos traços semânticos.

5. As Categorias Secundárias

a. Negação e Oposição

Estes dois termos correspondem, em lógica, aos contraditórios e contrários: "mau" é o contrário de "bom", enquanto que seu contraditório é "não-bom". A língua exprime, habitualmente, a primeira relação por meios lexicais (a oposição), a segunda, por meios gramaticais (o estatuo negativo). A narração conhece as duas formas, mas parece possível restringir os meios utilizados ao domínio do léxico: não falaremos de proposições negativas mas de atributos ou de verbos negados.

A negação é mais freqüente que a oposição, no *Decameron*. Todo verbo, todo atributo, pode ser negado e o é freqüentemente, com exceção (significativa) do verbo *a* ("modificar"). A existência da forma negada é indispensável mesmo para a estrutura narrativa mais simples: veremos que a narrativa consiste, freqüentemente, na passagem de um atributo negativo a um atributo positivo.

Quando podemos falar de oposição, a forma negada está, senão presente, ao menos subentendida na estória. Assim, em VI,2, a avidez possui tanto sua negação (a modéstia) quanto sua forma oposta, a generosidade: o criado de Geri é ávido, vai procurar vinho com uma "jarra"; o próprio Geri é modesto, só pede um frasco; mas Cisti é generoso: envia a Geri um pequeno tonel de vinho branco. Podemos notar assim que o quarto termo (o contraditório do contrário) nunca é atualizado.

A forma oposta aparece com maior freqüência nas estórias de delitos: a arte do protagonista consiste não só em evitar a punição (negá-la), mas em ser recompensado pelo seu delito. Assim, em II,6, Giannoto-Jusfredo quer sair da prisão (negação da punição), mas, uma vez fora, é tratado como um rei (oposição). O mesmo acontece com Alatiel (II,7): sua narrativa visa justificar, evitar-lhe a punião, mas é tão bem feita que seu pai a cobre de riquezas.

A palavra INVERSÃO servirá de termo genérico para a negação e a oposição. Podemos, paralelamente, notar a negação pelo signo —, a oposição pela palavra NÃO, fazendo um e outro preceder o predicado invertido; assim, teríamos, para um atributo A, seja —A, seja não-A.

b. Comparativo

Nesta rubrica serão reunidas duas categorias da língua natural: o comparativo propriamente dito e os advérbios de intensidade (comparativo relativo e absoluto). Sua proximidade não passou, aliás, despercebida aos olhos dos gramáticos: para Apolônio Díscolo e para Priciano "as formas comparativas podem sempre se resolver em um positivo precedido de um advérbio de intensidade" (Egger, *op. cit.*, p. 88-89).

No caso do comparativo narrativo, dois predicados presentes em uma mesma seqüência não se distinguem pelo seu conteúdo, mas unicamente pelo seu grau. De forma mais geral, mesmo que as duas ações (ou qualidades) tivessem, semanticamente, o mesmo valor, uma seria sempre percebida como mais forte que a outra, por causa de seu lugar sintático diferente. A gramática do *Decameron* exige que seja sempre o segundo predicado de mesma natureza que apresente um grau de intensidade superior. Assim, o sábio Forese zomba de Giotto, estando os dois cobertos de lama e de sujeira ao termo de uma longa viagem. Pelo próprio fato de Giotto falar em segundo lugar, percebemos sua resposta como mais espirituosa, mais realizada que a zombaria inicial; entretanto, o humor das duas réplicas não é muito diferente:

— Giotto, se um estranho, que nunca o tenha visto, venha a passar por aqui e nos encontre, você acha que ele o tomaria pelo que você é, isto é, o melhor pintor do mundo?
— Senhor, creio que ele ficaria convencido disto na medida em que o seu aspecto lhe faria crer que o senhor sabe o a-b-c (VI,5).

Os adjetivos e os verbos também conhecem o comparativo. Mas, entre os adjetivos há uma classe que não se presta a isto: são os estatutos que não conhecem a gradação (se é judeu ou cristão, homem ou mulher, mas não "mais homem" ou "mais judeu"). Os estados, tanto quanto as propriedades, podem ser graduados. Assim, Gisippo (X,8) conhece dois graus de felicidade: inicialmente, é salvo da morte, em seguida Tito lhe dá presentes, a metade de suas terras e sua irmã por esposa! O mesmo acontece com uma "propriedade": Salabaetto é generoso e confiante em face de Iancofiore; ele lhe empresta quinhentos florins; pouco depois, Iancofiore é ainda mais generoso e dá a Salabaetto mil florins (VIII,10).

Um caso curioso está contido na novela X,7: Lisa queria que o príncipe a amasse; este o faz, porém menos do que ela desejava: ele se torna seu cavalheiro mas não seu amante. Seria, pois, um comparativo negativo, invertido, se admitimos que a forma positiva é a mais freqüente.

Entre os verbos, são, habitualmente, *a* e *c* que têm formas comparativas. Os casos com *a* (modificar) são particularmente freqüentes. As duas proposições que contêm as duas formas de *a* podem ter um mesmo sujeito (como em V,1, onde Cimone empreende, um após o outro, dois ataques para raptar Ifigênia; somente o segundo, mais violento, tem sucesso), ou um sujeito diferente, como na estória sobre Giotto (VI,5) ou em VI,3, em que, de novo, responde-se a uma zombaria por uma outra mais forte. O primeiro caso é o do ataque reiterado, o segundo, o do contra-ataque. Podemos notar que, no segundo caso a modificação inicial é compensada por uma segunda modificação, mais ampla, que nos traz, pois, a ordem inicial. Assim, por exemplo, em VI,10, a ação modificante inicial visa ridicularizar o Frade Cipolla; a ação seguinte, de que ele é sujeito, é sobremodificante (sua astúcia é mais forte que a dos amigos-farsistas) ou, se quisermos, desmodificante: graças a esta ação somos levados à situação inicial, à realização do que estava anunciado. Evidentemente, este retorno ao ponto de partida não anula o caminho percorrido que constitui precisamente, a novela.

Os casos, em que é o verbo *c* (punir) que está em sua forma comparativa, são menos claros. Podemos citar os exemplos, muito semelhantes, de três novelas do quarto dia: 1, 5 e 9. A cada vez, uma primeira punição (o assassinato do ser amado) é seguido por uma segunda, puramente moral, infligida pelo punido: ao se dar a morte a si mesma, esta personagem causa uma tristeza profunda ao punidor inicial. Da mesma forma, em VIII,7, podemos considerar que a punição infligida pelo clérigo a Helena (fechada toda nua em uma torre, em um quente dia de verão) é superior à que anteriormente esta havia aplicado ao clérigo (fechado em um jardim em uma fria noite de inverno). Ainda uma vez, o grau superior é determinado pelo lugar que a ação ocupa na novela e pelo comentário que faz o narrador, não pelo seu valor "absoluto": não fica claro, de início, quem, entre o clérigo e Helena, sofreu mais.

Podemos notar o comparativo positivo por um ponto de exclamação, que segue o predicado; o negativo, pelo mesmo signo precedido de um —, por exemplo: Xa! e XA—!

c. Modos

O modo de uma proposição explicita a relação que com ela

mantém a personagem concernida; esta personagem desempenha, pois, o papel de sujeito da enunciação. Distinguiremos, de início, duas classes: o indicativo, de um lado, e, de outro, todos os outros modos. Estes dois grupos se opõem como o real ao irreal. As proposições enunciadas no modo indicativo são percebidas como designando ações que, verdadeiramente, se realizaram; se o modo é diferente, é que a ação não se realizou mas existe em potencial, virtualmente. Daqui em diante, ao falarmos de proposições modais, pensaremos unicamente naquelas que derivam de um modo que não seja o indicativo. Este é o modo zero; se nenhuma indicação contrária for dada, é porque a proposição está no indicativo.

As antigas gramáticas explicavam a existência dos modos pelo fato de que a linguagem serve não somente para descrever e, portanto, para se referir à realidade, mas também para exprimir nossa vontade. De lá vem, também, a estreita relação, em várias línguas, entre os modos e o futuro, que exprime habitualmente apenas uma intenção. Veremos que os modos têm, com efeito, um denominador semântico comum, mas seria excessivo dar-lhe o nome de vontade. Ao contrário, podemos estabelecer uma primeira dicotomia entre os modos próprios ao *Decameron*, que são em número de quatro, perguntando-nos se estão ou não ligados a uma vontade. Esta dicotomia nos dá dois grupos: os modos da VONTADE e os modos da HIPÓTESE.

Os modos da vontade são dois: o obrigatório e o optativo. O OBRIGATÓRIO é o modo de uma proposição que deve vir; é uma vontade não-individual que constitui a lei de uma sociedade. Por isso mesmo, o obrigatório tem um estatuto particular: as leis estão sempre subentendidas, nunca nomeadas (não é necessário) e se arriscam a passar despercebidas pelo leitor. No *Decameron*, as leis estão subentendidas, em particular, no curso de cada delito (designado pelo verbo *b*), e implicam punição. Esta punição deve ser escrita no modo obrigatório. Às vezes, estas leis não chegam por si ao leitor atual e sua explicação torna-se necessária; assim, em X,6, é preciso colocar uma proposição no modo obrigatório, que explicita a lei segundo a qual é preciso oferecer tudo ao rei: crianças, riquezas, etc.

O OPTATIVO corresponde às ações desejadas pela personagem. Em certo sentido, toda proposição pode ser precedida pela mesma proposição no optativo (salvo indicação contrária, cf. mais adiante, o volitivo), na medida em que cada ação no *Decameron* — ainda que em graus diferentes — resulta do desejo que alguém tem de ver esta ação realizada. Entretanto, referir-nos-emos mais ao texto para decidir se tal proposição no optativo deve, ou não, ser escrita. Ainda mais, limitaremos seu uso unicamente às proposições atributivas e à punição negada, sendo, as outras proposições, obrigatoriamente, o resultado de um desejo. Assim, uma proposição muito freqüente nas novelas é a que dá conta do desejo que tem X de fazer amor com Y: é, pois, um certo ESTADO de Y que é desejado por X. O optativo nos dá assim a fórmula do estado amoroso, tão presente no livro: é o optativo de um ato sexual.

Uma proposição enunciada no optativo é seguida obrigatoriamente de uma implicação (a gente não se contenta com sonhos no *Decameron*) que mostra a mesma proposição no indicativo, sob uma forma positiva ou negativa, ou então a proposição que dá conta do meio escolhido para realizar o desejo. Esta propriedade do optativo explica por que as proposições optativas aparecem habitualmente no início da seqüência.

A RENÚNCIA é um caso particular do optativo; é um optativo inicialmente afirmado e em seguida negado. Assim, Gianni renuncia a seu primeiro desejo de transformar sua mulher em jumento, quando fica sabendo dos detalhes da transformação (IX,10). Da mesma forma, Ansaldo renuncia ao desejo que tinha de possuir Dianora, quando fica sabendo qual foi a generosidade de seu marido (X,5).

Uma novela pode ter também um optativo em segundo grau: em III,9, Giletta não aspira somente a dormir com seu marido, mas também a que seu marido a ame, a que ele se torne o sujeito de uma proposição optativa: ela deseja o desejo do outro.

Os outros modos, condicional e predicativo, oferecem não somente uma característica semântica comum (a hipótese), mas se distinguem por uma estrutura sintática particular: eles se relacionam a uma sucessão de duas proposições, e não a uma proposição isolada. Mais precisamente, concernem à relação, entre estas duas proposições, que é sempre a implicação, mas com a qual o sujeito da enunciação pode manter relações diferentes.

O CONDICIONAL se define como o modo que coloca em relação de implicação duas proposições atributivas, de forma que o sujeito da segunda proposição e o que põe a condição sejam uma só e mesma personagem. Se o aspecto pontual do atributo na primeira proposição é suficientemente acentuado, podemos chamar estas duas proposições de PROVA (é igualmente possível que a prova seja uma junção do condicional com o optativo). Assim, em IX,1, Francisca coloca, como condição para conceder seu amor, que Rinuccio e Alexandre realizem, cada um, uma proeza: se provarem sua coragem, ela consentirá em suas pretensões. Da mesma forma, em X,5: Dianora exige de Ansaldo "um jardim que, em janeiro, esteja florido como no mês de maio"; se ele o conseguir, poderá possuí-la. Uma novela toma a prova propriamente como tema central: Pirro pede a Lídia, como prova de seu amor, que ela realize três atos: matar, sob os olhos de seu marido, seu melhor gavião; arrancar um tufo de pêlos da barba de seu marido e, enfim, extrair um de seus melhores dentes. Uma vez que Lídia tenha passado pela prova, ele consentirá dormir com ela (VII,9).

Nem todas as proposições condicionais podem ser apresentadas como provas; principalmente se o atributo da primeira proposição tiver um caráter durativo ou se o sujeito da primeira não desejar que a segunda se realize. Assim, Abraão promete tornar-se cristão se o papa e os cardeais levarem uma vida santa (1,2), isto é, segundo o que eles são e não segundo o que eles fazem (uma única vez).

O PREDITIVO, enfim, tem a mesma estrutura que o condicional, mas o sujeito que prediz não deve ser o sujeito da segunda proposição (a consequência); neste ponto, ele se aproxima do modo "trans-relativo" destacado por Whorf. Nenhuma restrição pesa sobre o sujeito da primeira proposição. Assim, ele pode ser o mesmo da enunciação (em I,3: se ponho Melquisedeque em má situação, diz Saladino a si mesmo, ele me dará dinheiro; em X,10: se sou cruel com Griselda, diz Gualtieri a si mesmo, ela tentará me prejudicar). As duas proposições podem ter o mesmo sujeito (IV,8: se Girolamo se afastar da cidade, pensa sua mãe, não amará mais Salvestra; VII,7: se meu marido ficar com ciúme, supõe Beatriz, se levantará e sairá). Estas predições são, às vezes, bastante elaboradas: assim acontece nesta última novela em que, para dormir com Ludovico, Beatriz diz a seu marido que aquele lhe fazia a corte; da mesma forma, em III,3, para provocar o amor de um cavaleiro, uma dama se queixa, ao amigo deste, de que ele não pára de lhe fazer a corte. As predições destas duas novelas que se revelam, uma e outra, justas, não acontecem por si mesmas, evidentemente: as palavras, aqui, criam coisas ao invés de refleti-las.

Este fato nos leva a ver que o preditivo é uma manifestação particular da lógica do verossímil. Supõe-se que uma ação acarretará outra porque esta causalidade corresponde a uma probabilidade comum. É preciso, no entanto, evitar confundir esta verossimilhança das personanges com as leis que o leitor sente como verossimilhantes: esta confusão nos levaria a procurar a probabilidade de cada ação particular; enquanto que o verossimilhante das personagens tem uma realidade formal precisa, a preditiva.

O fato que aparece como comum a todos os modos é sua

relação com a causalidade. O obrigatório se refere às leis gerais, independentes das vontades individuais; as proposições que, no *Decameron*, estão no obrigatório, são sempre a conseqüência de uma outra proposição (elas são pressupostas por esta). Por outro lado, as proposições optativas são sempre a causa de uma outra ação. O preditivo e o condicional contêm a implicação neles mesmos; o primeiro reflete uma lei de probabilidade, o segundo, uma lei individual, inventada para a ocasião e que funcionará uma única vez.

Se procurarmos, por outro lado, melhor articular as relações que apresentam os quatro modos, teremos, ao lado da oposição "presença/ausência de vontade", uma outra dicotomia que oporá o optativo e o condicional, de um lado, ao obrigatório e ao preditivo, de outro. Os dois primeiros se caracterizam por uma identidade do sujeito da enunciação (ou do modo) com o sujeito do enunciado; os segundos refletem ações exteriores ao sujeito que enuncia. Poderíamos, assim, apresentar esquematicamente os quatro modos pelo quadro abaixo:

	optativo	obrigatório	condicional	preditivo
presença/ausência de vontade	+	+	–	–
presença/ausência do sujeito que enuncia	+	–	+	–

(o + indica a presença do primeiro termo da oposição, o –, do segundo).

Notaremos os modos, colocando toda proposição entre parênteses, fazendo-lhe seguir o nome do modo e de seu sujeito. Este sujeito não tem necessidade de ser indicado no caso do condicional, quando coincide com o da segunda proposição, nem no do obrigatório: o sujeito das leis é impessoal ("se"). Escreveremos, pois: $(XA)_{opt\ Y}$, $(XA \Rightarrow YB)_{pred\ X}$, $(YcX)_{obr}$, etc.

d. Volitivo

Apesar de seu nome, o volitivo não é um modo. É uma categoria diferente, da qual só uma espécie se encontra no *Decameron*, o que nos leva a nomear de forma semelhante o gênero e a espécie. A proposição na qual o predicado está no volitivo não existe em potencial, reflete uma ação que tomou lugar no universo da narrativa. Por outro lado, esta categoria não caracteriza a proposição inteira, como o modo, mas unicamente o predicado; nisto ela se aproxima das puras categorias semânticas; entretanto, sua pertinência sintática não nos deixa classificá-la entre estas.

Dizemos que um predicado está no volitivo se a ação que ele denota for realizada, em total acordo, pelo sujeito da proposição. Esta categoria permanece neutralizada a maior parte do tempo (não nos dizem se as ações são voluntárias ou não); mas desde que é atualizada, aparece obrigatoriamente duas vezes na mesma seqüência; uma vez afirmada e uma vez negada. Todas as outras características dos dois predicados são idênticas e, no entanto, percebemos as duas ações como diametralmente opostas.

Esta categoria aparece unicamente no décimo dia. Assim, Mitrídanes, com inveja da glória de Natã, decide matá-lo; mas Natã lhe oferece sua própria vida, por sua própria vontade; então Mitrídanes renuncia (X,3). Ou, em X,5, em que a causalidade é contrária à que poderíamos esperar: Ansaldo recusa receber Dianora em seu leito, sabendo que ela vem com o pleno consentimento de seu marido.

Para notarmos o volitivo, podemos escrever o signo v° após o predicado concernido; por exemplo, XA v° ou YB − v°.

e. Visões

Como para os modos, falaremos de visão somente quando esta diferir da visão habitual. Ora, a visão habitual faz coincidir uma ação com a percepção que dela tem a personagem. No único caso em que trataremos das visões, a realidade da ação não será idêntica à percepção que se faz uma das personagens. Dito de outra forma, uma personagem crê que algo se passou, mas, de fato, o que se passou foi outra coisa. Os problemas relativos às visões estavam ligados, na poética clássica, ao termo "reconhecimento": para que haja reconhecimento, é preciso que haja, antes, falsa visão.

A língua natural não possui categoria gramatical para expressar a visão, mas ela o faz com a ajuda de um grupo de verbos que servem para introduzir outras proposições, tais como "eu creio que", "eu penso que", "eu afirmo que", etc. (verbos de atitude).

Dois casos se distinguem, segundo o leitor partilhe, ou não, da falsa visão da personagem: ela é comum aos dois ou é somente própria à personagem. Tanto Alexandre quanto o leitor ignoram, por exemplo, que o jovem abade é uma mulher: acreditam que seja homem (II,3). Sabemos que Ciappelletto é um "celerado", mas o velho monge não o sabe e o trata como santo (I,1).

Se surge uma proposição que comporta uma falsa visão, habitualmente, ao lado dela, aparece uma outra, de estrutura idêntica, que dá a boa visão. Raros são os casos em que o leitor e o narrador são os únicos a conhecer a falsidade de uma visão (aí voltamos ao problema da "testemunha"). Por outro lado, nem sempre a falsa visão precede a verdadeira (como a palavra "reconhecimento" implica): muito freqüentemente a novela começa por uma boa visão para terminar com uma falsa (assim, em I,1). As duas ordens possíveis correspondem, assim as vemos, a duas realizações semânticas do verbo a (modificar) que encontramos antes: disfarçar e revelar.

Nos exemplos já citados, o sujeito da visão era diferente do sujeito da proposição; dito de outra forma, um X se enganava sobre os atributos de um Y. Mas o caso contrário também é possível: aquele em que não sabem, eles mesmos, o que fazem. Assim, Alibeque crê mandar o diabo de volta para o inferno (III,10); assim, em III,5, Francisco crê se apropriar do cavalo de Zima com pouco gasto, quando, na verdade, o paga com a honra de sua mulher; assim, em IX,6, a hospedeira acredita estar dormindo com seu marido e, na verdade, o faz nos braços de Adriano, etc. O leitor é, nestes casos, sempre informado, antecipadamente, da "boa" visão.

Uma das novelas apresenta um exemplo de visão particularmente refinada, uma visão de segundo grau: "X acredita que Y acredita que...". É VII,7: Egano se deixa bater por Aniquino acreditando que Aniquino o toma por Beatriz, a mulher de Egano; ora, Egano sabe perfeitamente de quem se trata.

Notaremos as visões, colocando a proposição em questão entre parênteses e fazendo preceder o parêntese do signo de quem tem esta visão. Por exemplo, "X(Ya)" deve-se ler como "X acredita que Y modifica a situação".

3. ESTUDO DAS SEQÜÊNCIAS

1. Relações Entre Proposições

Será mais fácil descrever o processo de integração das proposições em seqüências se passarmos, inicialmente, por um nível intermediário em que se observarão as relações obrigatórias ou facultativas que as proposições mantêm entre si. Este nível é logicamente mais simples que o das seqüências; aqui trataremos de relações elementares que serão retomadas e amalgamadas na seqüência definitiva.

Antes de enumerar e descrever estas relações, é preciso atentarmos a uma confusão que se pode produzir facilmente. Ao estudarmos a estrutura da narrativa, somos tentados a instituir estas relações elementares em um nível de lógica PRÉ-NARRATIVA. Somos tentados a dizer que estas relações são não somente mais simples que as seqüências, mas que, mesmo se elas forem igualmente complexas, formam uma lógica da NEGAÇÃO da qual se constituem as narrativas reais. Percebemos, então, cada novela como a transgressão desta lógica pré-narrativa, como um desvio em relação a uma norma. Para dar só um exemplo: se alguém é atacado deve, segundo esta lógica pré-narrativa, se defender; se, ao invés disso, ataca a si próprio, esta lógica é transgredida e a novela pode-se constituir (é o caso real de X,3, a estória de Mitrídanes e Natã). A lógica pré-narrativa seria, pois, uma espécie de bom senso.

Por falta de provas, esta solução, por mais tentadora que possa parecer, deve ser descartada desde o início. Há tantas, senão mais, novelas em que o ataque inicial é seguido de um contra-ataque que não tem nada de surpreendente. Se definirmos a novela como uma narrativa que transgride uma lógica primeira, pré-narrativa, a maior parte das estórias no *Decameron* não poderão mais ser qualificadas de novelas. A existência de uma lógica pré-narrativa, cuja transgressão constitui a narração, é ilusória.

Devemo-nos interrogar, entretanto, sobre a origem desta ilusão, à qual é tão difícil não ceder. Indicaremos, aqui, três razões de diferentes ordens.

Inicialmente, há em certas novelas uma evidência que não pode ser negada e que diz respeito, precisamente, à existência de certas leis tomadas pelas personagens não como absolutas, mas como prováveis. A expectativa condicionada por estas leis é freqüentemente frustrada, o que dá a impressão de uma lógica transgredida. Porém, estes casos se deixam claramente isolar dos outros em que esta impressão não pode ser atestada, e, formalmente, as distinguimos pela presença do modo preditivo. Aqui, a verossimilhança que se relaciona com o encadeamento das ações não vem do leitor, é enunciada pela própria personagem. Este caso é, pois, muito particular para corresponder a toda a "lógica pré-narrativa".

Por outro lado, parece que existe uma literatura que obedece a esta lei da transgressão. Pensemos, por exemplo, em todas as definições que pudemos dar à novela ou mesmo à noção de intriga, tais como "expectativa frustrada", "surpresa", etc. (cf. T. S. Eliot: "deve acontecer algo diferente, mas não muito diferente do que espera a audiência..."). Esta literatura se define, pois, em relação a uma versossimilhança comum de que ela constitui a transgressão. Mas, no *Decameron*, não acontece isso; as estórias de surpresa aqui bordejam as que não comportam nenhuma. Neste caso, temos aqui um bom exemplo da deformação inevitável que fazermos sofrer os textos mais antigos, aproximando-os de textos mais recentes, mais familiares. É neste sentido que cada época lê diferentemente o mesmo autor, tomando, a cada vez, como ponto de partida uma norma literária diferente (Borges já dizia que lemos Swinburne como um precursor de Kafka, mas partindo de Kafka). Esta deformação se refere à compreensão de um texto quanto aos julgamentos de valor: considera-se inferiores estas narrativas de Boccaccio que não contêm uma "virada", porque se toma a transgressão da norma como uma norma literária.

Há uma outra explicação para o desejo de apresentar a lógica narrativa como a transgressão de uma lógica pré-narrativa. Esta explicação se inscreve em uma lei mais geral, segundo a qual não há outra definição possível de um fenômeno senão a que descreve suas diferenças com as outras; a diferença é, então, constitutiva e a única definição positiva é uma definição negativa. O conhecimento, então, consiste somente em fazer recuar para mais longe possível "o que é", separando-o de nós por inumeráveis "o que não é". As seqüências se definem por uma diferença frente às relações; as relações, frente às proposições; estas, frente aos predicados, e assim por diante, até o infinito, ou mais precisamente, até que sejamos obrigados a parar diante de noções mais simples, que não poderemos definir e que serão apenas designadas.

Examinaremos, agora, as relações possíveis entre proposições. Para facilitar a leitura, demos um nome a cada uma das relações; a escolha desses nomes permanece arbitrária.

Um limite separa as relações que derivam da ordem temporal das que se ligam à causalidade.

(I) RELAÇÕES TEMPORAIS. A fórmula geral destas relações poderia ser escrita assim:

$$XA + \ldots + \begin{cases} XA \\ X - A \end{cases}$$

As proposições de que nos serviremos aqui, como exemplos, serão todas atributivas, mas, salvo indicação contrária, as mesmas observações se referem às proposições verbais.

A chave que assinala a possibilidade de escolher um dos elementos que ela contém sugere, já, uma especificação posterior.

(1) *Ênfase*. Assim será chamada a relação em que uma proposição se encontra repetida; a proposição inicial e sua repetição devem ser separadas, ao menos, por uma proposição. Sua fórmula é a seguinte:

$$XA + \ldots + XA$$

Um exemplo da ênfase nos é fornecido por III,6. Por um engodo, Ricardo obtém os favores de Catella. Quando esta percebe a trapaça, fica furiosa, mas Ricardo acaba por acalmá-la e os dois recomeçam seus jogos amorosos. Esta repetição final do ato do amor representa uma ênfase. Ainda que a ação seja substancialmente a mesma, o lugar sintático leva a segunda proposição a ser percebida diferentemente da primeira: como vimos a respeito do comparativo, a identidade perfeita não existe.

(2) *Inversão*. Aqui, igualmente, uma proposição se encontra repetida, mas o predicado da segunda é substituído por sua negação ou por sua oposição. Vários casos particulares podem ser distinguidos:

(a) inversão de atributo. É escrita assim:

$$XA + \ldots\ldots + X - A$$

Por exemplo, Ermino é avaro, mas uma zombaria bem-sucedida de Guilherme faz dele "o mais liberal e o mais amável dos cavalheiros" (I,8). Aqui, um atributo se encontra substituído por seu termo oposto.

(b) inversão de visão. Fórmula:

$$X(YA) + \ldots\ldots + Y - A$$

Esta relação corresponde, nas duas ordens possíveis das proposições, ao disfarce e à revelação. Por exemplo, Andreuccio crê que uma certa senhora é sua irmã e passa a agir a partir disto; mais tarde ele fica sabendo que não é nada disso (II,5).

(c) não-inversão. Este caso, que se aproxima aparentemente da ênfase, distingue dela por suas funções sintáticas. A não-inversão não serve para acentuar uma qualidade: é uma inversão falha. Formalmente, as duas se distinguem também por seu caráter obrigatório ou facultativo (como veremos daqui a pouco). Aliás, a fórmula da não-inversão é a mesma:

$$XA + \ldots\ldots + XA$$

Este caso é, aliás, muito raro no *Decameron*. Um exemplo é dado por VI,8: Ciesca é estúpida e orgulhosa. Para corrigi-la, seu tio lhe lança uma zombaria. Mas "ela não compreende, melhor do que o faria um carneiro, a palavra pertinente de seu tio. Persistiu, pois, em sua estupidez".

(II) RELAÇÕES CAUSAIS. Todas as outras são ligadas a uma causalidade. Se notamos por 0 uma proposição cuja estrutura não é especificada, a fórmula geral das relações causais será:

$$XA \Rightarrow 0 \text{ ou } 0 \Rightarrow XA$$

Deve-se distinguir os seguintes casos:
(3) *Modificação*. É uma proposição que contém o verbo *a*, seguido de uma implicação.

$$Xa \Rightarrow 0$$

Às vezes, esta proposição pode-se desdobrar: é a "des-modificação" que se realiza com a ajuda do comparativo:

$$Xa \Rightarrow Ya! \Rightarrow 0$$

(como na novela sobre Giotto: VI,5).

Há também novelas em que o sujeito da proposição de modificação não é uma personagem mas o destino ou, se se quer, Deus. Assim, Andreoula e Gabriotto formulam predições sobre o futuro. O destino intervém neste momento e modifica a situação precedente: as predições se realizam (IV,6).

(4) *Desejo*. Esta relação está ligada ao optativo. Sua fórmula é:

$$(XA)_{opt} \begin{Bmatrix} X \\ Y \end{Bmatrix} \Rightarrow 0$$

O signo de implicação deve ser notado se a proposição seguinte tiver o mesmo sujeito; senão, trata-se de uma causalidade difusa que não se pode indicar.

A presença da chave mostra que o sujeito do desejo não coincide necessariamente com o sujeito da ação desejada. O desejo pode se realizar ou não: o *Decameron* conhece um grande número de casos. Por exemplo, Anastácio, deseja esposar a filha de Paulo Traversari e o consegue (V,8); o rei da França deseja o amor da Marquesa de Montferrat mas não o obtém (I,5).

O desejo pode ser dobrado, como a modificação; mas ele o é por sua negação e nós podemos agora falar de RENÚNCIA:

$$(XA)_{opt\ Y} + \ldots\ldots + (XA)_{opt\ Y}$$

Já tratamos deste caso a propósito do optativo. Encontramos exemplos em IX,10 (Pedro renuncia transformar sua mulher em jumento) em em X,5 (Ansaldo renuncia seu desejo por Dianora).

(5) *Motivação*. É uma proposição atributiva única que não pode preceder uma outra proposição:

$$XA \Rightarrow 0$$

A motivação nos dá as razões da ação. Uma proposição de desejo pode ser motivada por uma proposição que caracteriza o objeto do desejo.

(6) *Resultado*. É, de alguma maneira, a forma complementar da motivação: uma proposição atributiva que aparece unicamente após uma outra proposição, pois:

$$0 \Rightarrow XA$$

Como a motivação, esta proposição é sintaticamente redundante; ela nos descreve as conseqüências de uma ação: por exemplo, a felicidade pode ser a conseqüência de um amor realizado.

(7) *Punição*. Esta relação liga as ações de delito e de punição. A punição pode ser, nós já o sabemos, real ou negada.

$$Xb \begin{cases} Y - cX \\ YcX \end{cases}$$

A negação (ou mesmo a oposição) é bem mais freqüente; mas as punições realizadas também não faltam. Assim, Gerbino não obedece à ordem do rei; por isso cortam-lhe a cabeça (IV,4).

A proposição que contém o verbo c pode-se desdobrar: neste caso, ela aparece a primeira vez em uma proposição modal (no modo obrigatório).

(8) *Hipótese*. Denominaremos assim uma relação não mais entre duas, mas entre quatro proposições: são duas implicações simétricas, estando a primeira no modo preditivo ou condicional. Lembremo-nos que estes modos ligam sempre duas proposições; a realização deste modo forma o segundo par da hipótese. Escreveremos assim:

$$(XA \Rightarrow XB)_{cond/pred} + \ldots\ldots + XA \Rightarrow \begin{cases} YB \\ Y - B \end{cases}$$

Como vemos, esta relação, como a renúncia, combina a causalidade e a temporalidade.

Podemos, agora, reagrupar estas relações segundo o tipo de

papel que elas têm nas seqüências. Obteremos três grupos: as relações obrigatórias, que devem estar presentes em todas as seqüências; as relações facultativas que podem estar presentes em todo lugar mas não são jamais obrigatórias; e as relações alternativas, das quais só uma pode e deve estar presente em uma seqüência. É claro que, por isso, as relações alternativas são as únicas a poder caracterizar as seqüências que as contêm.

Eis aqui esta repartição:

(1) *Relações obrigatórias.* São o desejo e a modificação. Todos dois são onipresentes; habitualmente o desejo precede a modificação. Esta não pode ser negada; o desejo só é negado na renúncia. Nenhum dos dois pode aparecer no começo ou no fim da seqüência.

(2) *Relações facultativas.* Estas se subdividem em dois grupos.

(a) Relações facultativas livres. São três: a ênfase, a motivação e o resultado. Não temos necessidade delas para construirmos uma seqüência e elas podem se encontrar em toda seqüência. As indicações que concernem a seu lugar na seqüência são reduzidas ao mínimo: a motivação precede e o resultado segue uma outra proposição (habitualmente, uma aparece no início da seqüência, a outra no fim). A ênfase segue uma proposição idêntica a si mesma, ao menos a uma proposição de distância. Em princípio, toda proposição da seqüência pode ter uma motivação, um resultado ou uma ênfase; estas relações têm, pois, uma distribuição perfeitamente livre.

(b) Relações facultativas dependentes. São três, igualmente: as predições, as condições (que se deixam reunir pelo termo genérico de "hipóteses"), e as inversões de visão. Estas relações não podem, sozinhas, formar (nem com as relações obrigatórias somente) uma seqüência, mas sua distribuição tem muito mais coerções; elas devem ocupar lugares bem precisos. Elas se distribuem dos dois lados da modificação. O primeiro par de proposições, que constituem a hipótese, se insere entre o desejo e a modificação; o segundo segue diretamente esta. As duas proposições da inversão de visão se distribuem semelhantemente dos dois lados da modificação; a primeira pode aparecer antes do desejo. Este tipo de relações é sentido pelo leitor como bem mais integrado na estrutura da seqüência que o precedente.

(3) *Relações alternativas.* Estas aparecem agora como as mais importantes, porque sua presença decide o tipo de seqüência de que se trata. São duas: as inversões de atributo e as punições; há, pois, aqui, uma relação temporal e uma lógica. Semanticamente, a oposição se articula entre as leis, gerais e estáveis, e os atributos, individuais e particulares.

Um papel particularmente importante é dado, vê-se, à ação designada como "modificação" (Xa). Ela é o sustentáculo da seqüência, sendo que as outras relações se sustentam em relação a ela; sua estabilidade se opõe às mudanças que se produzem nas outras. Ao mesmo tempo, vimos, a ação mais variada, para não dizer a que permanece rebelde ao sistema. Estaria, pois, aí, a relação ao mesmo tempo mais estável e mais instável: sintaticamente, a proposição "Xa" está sempre presente, no centro, enquanto que o quadro varia; semanticamente, o quadro permanece sensivelmente o mesmo de uma novela a outra; o que muda e o que dá o próprio nome da novela é a ação designada por esta proposição "Xa".

Esta variabilidade da modificação combinada com seu papel primordial parece dar razão aos que identificam a beleza com o inexplicável, com o intocável (e eles são numerosos)[1]. Esse pessimismo não parece, entretanto, plenamente justificado: de início, porque vimos que, *a posteriori*, sempre era possível descobrir uma regularidade mesmo para esta ação cuja originalidade é obrigatória; e em seguida, porque existem numerosas narrativas cuja beleza não reside certamente nesta ação, e em que o papel da invenção, neste sentido da palavra, é nulo.

Somente o exame da novela inteira pode nos permitir indentificar sua estrutura. A situação inicial de cada novela pode ser descrita como composta de: (1) um certo número de leis gerais (cuja violação é considerada um delito); e (2) um certo número de proposições atributivas particulares que apresentam as personagens concretas da novela. No início, não podemos ainda saber se se trata de uma estória de lei ou de uma estória de atributo. Duas vias são, então, possíveis. Podemos atualizar as leis e sua transgressão; podemos permanecer na descrição de traços particulares. É a retomada de uma relação alternativa na segunda parte da novela que decidirá a que tipo pertence esta estória: se o traço inicial aparece invertido, estamos nas estórias de atributo; se uma punição ameaça aquele que este traço caracteriza, estamos em uma estória de lei. Relembremos a estória de Alibeque (III,10): há todos os dados, no início, para que ela seja estória de lei. Um monge e uma jovem fazem amor: o delito é mesmo duplo. Mas estes aspectos da ação serão

---

1. "Estaríamos convencidos se o belo, que é valor e força, pudesse ser submetido a regras e esquemas. Seria ainda preciso demonstrar que isto não tem sentido? Logo, se *El Cid* é belo, é pelo que, nele, passa o esquema e o entendimento." J. DERRIDA, *L'Écriture et la Différence* (Paris, Seuil, 1967), p. 32.

egligenciados e a estória permanecerá ligada ao atributo (a assagem de um estado a outro). Somente algumas das proosições que aparecem no início da novela serão atualizadas e ornadas pertinentes por uma integração na estrutura da seüência.

Seqüências Atributivas

As propriedades sintáticas das relações determinam a strutura da seqüência. Vimos que toda seqüência deve conter luas relações obrigatórias (o desejo e a modificação), um número indefinido de relações facultativas e ao menos uma das elações alternativas. Além disso, as relações obrigatórias encontram-se no meio da seqüência (nem no início nem no fim), enquadradas pelas proposições da relação alternativa.

Chamaremos seqüências atributivas as seqüências em que a elação alternativa é uma inversão de atributo. Aqui, igualmente, e junta a não-inversão; a inversão de visão poderia, às vezes, lhe ser assimilada. A estrutura de base da seqüência atributiva é a seguinte:

$$X - A + (XA)_{opt\ Y} \Rightarrow Ya \Rightarrow XA$$

onde X e Y são agentes quaisquer, A é um atributo e a corresponde à ação de "modificar a situação". Pode-se encontrar, ainda que raramente, novelas que ilustram esta fórmula sem nenhuma complicação suplementar. É o caso de I,9. Uma dama de Gasconha se faz ultrajar por "alguns jovens maus" durante sua estada em Chipre. Quer se queixar ao rei da ilha mas dizem-lhe que não valia a pena porque o rei ficava indiferente aos insultos que ele próprio recebia. Entretanto, ela o encontra e lhe dirige algumas palavras amargas. O rei é tocado por isto e abandona sua fraqueza.

O atributo invertido é o do rei: de fraco e indiferente torna-se enérgico e implacável. O incidente que acontece com a dama é apenas a motivação de seu desejo de modificar o caráter do rei. Podemos, pois, escrever a seqüência da seguinte maneira:

$$X - A + YB \Rightarrow (XA)_{opt\ Y} \Rightarrow YA \Rightarrow XA$$

onde os símbolos têm o conteúdo semântico seguinte:
X o rei de Chipre
Y a dama de Gasconha
A enérgico, etc.
B infeliz
a dirigir uma palavra vexatória

Estes conteúdos semânticos nos são bem conhecidos partir do estudo das proposições. Somente a proposição YB é de alguma forma, redundante (do ponto de vista da sintaxe ma não do da novela). É uma motivação que justifica o desejo d dama e da ação que o segue.

É raro encontrar-se, no *Decameron*, casos tão simples Habitualmente, várias seqüências, freqüentemente de naturez diferente, se bordejam na mesma novela (observaremos mai tarde estes casos); às vezes a seqüência permanece única ma se complica com um grande número de relações facultativas Examinaremos agora um destes casos, cuja complexidade corres ponde ao nível médio das novelas do livro.

Gulfardo está enamorado de Ambrósia, a esposa de Guas parruolo. Ele lho revela; para sua grande surpresa, ela consent facilmente em dormir com ele com a condição que ele lhe dê du zentos florins de ouro. Gulfardo fica indignado mas não renun cia a seu desejo. Empresta a mesma quantia de Guasparruolo a remete a Ambrósia, diante de uma testemunha; depois goza livremente seus favores. Alguns dias mais tarde, reencontr Guasparruolo, na presença de sua mulher e da testemunha e lhe declara ter devolvido o dinheiro a sua mulher. A dama não ousa negar (VIII,1).

O atributo aqui em jogo é o estado da relação sexual na qual se encontrarão Ambrósia e Gulfardo. Mas esta inversão é complicada pela presença de uma condição e de uma mudança de visão. Poder-se-ia escrever esta seqüência como se segue

$$X - A + (XA)_{opt} Y + (YB \Rightarrow XA)_{cond} + Ya' \Rightarrow X(YB) \Rightarrow$$
$$XA + Ya'' \Rightarrow Y - B$$

onde:

X Ambrósia
Y Gulfardo
A estar em relação sexual
B generoso, que paga
a' disfarçar
a" revelar

A seqüência mais simples concerne à inversão do atributo Gulfardo deseja obter o amor de Ambrósia, e consegue. Esta forma de base é complicada pela existência de uma condição; se a condição não contivesse um disfarce, a seqüência poderia ter sido assim descrita:

$$X - A + (XA)_{opt} Y + (YB \Rightarrow XA)_{cond} + Ya \Rightarrow YB \Rightarrow XA$$

Entretanto, Gulfardo não satisfaz verdadeiramente a condição de Ambrósia; ele só o faz a seus olhos; há, pois, aqui, uma falsa visão que implica uma outra proposição que contém a boa visão das coisas. Esta novela se caracteriza também pela necessidade de uma segunda proposição de "modificação" (Ya"); este fato poderia nos levar à considerá-la como a combinação das duas seqüências. Acrescentemos que, voluntariamente, fizemos abstração de uma certa ambigüidade da novela, que nos permite aí ver, igualmente, uma punição.

Do ponto de vista semântico, as seqüências atributivas representam a estória de uma contestação do equilíbrio existente. O mundo descrito, no início da novela, é equilibrado, não há causa interna para que intervenha uma mudança. É um desejo individual que provoca sua movimentação e que, ao mesmo tempo, introduz um outro equilíbrio. A novela conta a passagem do primeiro ao segundo.

Porém, vimos que existem casos em que o equilíbrio inicial permanece tal qual: seja porque a ação que modifica não foi suficientemente forte, seja porque foi secundada por uma desmodificação. É difícil encontrar uma regra que nos indique, desde o início da novela, se a modificação terá ou não sucesso. Tomemos por exemplo duas estórias tão semelhantes quanto VI,10 e VIII,5. Nos dois casos, um grupo de amigos decide zombar de uma pessoa de estado social superior: um monge, no primeiro e um juiz, no segundo. Mas se a segunda zombaria se realiza e o juiz é humilhado (tiram-lhe as calças), o Frade Cipolla se defende bem e permanece vencedor no conflito. O equilíbrio inicial acha-se aqui confirmado, apesar das ameaças passageiras.

3. Seqüências de Leis

O outro grande grupo de seqüências é o das leis. Todas tomam a forma das estórias de punição. Cerca da metade das novelas, no *Decameron*, não deste tipo. Como já o dissemos, começam pela infração a uma lei, à qual, de latente, torna-se manifesta. A estória consiste, habitualmente, em contar como se tenta uma nova transgressão, desta vez à lei que exige a aplicação das leis, à lei metalegal.

A fórmula geral desta seqüência será, pois, a seguinte:

$$Xb \ (\Rightarrow YcX)_{obr} + (Y - cX)_{opt \ X} \Rightarrow Xa \Rightarrow Y - cX$$

onde X e Y são agentes quaisquer, *b* uma transgressão da lei, *c* a punição que ameaça X, e *a* a ação que ele realiza para evitar esta punição. Se Y é uma pessoa que pune e que tem direito a isto, uma proposição atributiva precisará seu estatuto.

Tomemos uma estória bastante simples de punição. Peronnella recebe seu amante na ausência do marido, pobre pedreiro. Mas um dia, ele volta mais cedo. Para esconder o amante, Peronnella faz com que este entre em um tonel; quando o marido chega, ela lhe diz que alguém queria comprar o tonel e que este alguém está, agora, o examinando. O marido acredita e se rejubila com a venda. Vai raspar o tonel para limpá-lo; enquanto isso, o amante faz amor com Peronnella que passou a cabeça e os braços pela abertura do tonel e assim o fechou (VII,2).

Podemos esquematizar esta estória da maneira seguinte:

$$Xb \, (\Rightarrow YcX)_{obr} + (Y - cX)_{opt} \, X \Rightarrow Xa \Rightarrow Y(X - b) \Rightarrow Y - cX + Xb$$

onde:

X Peronnella
Y seu marido
a disfarçar
b cometer adultério
c punir

A punição é evitada graças a um disfarce: o marido não percebe o pecado cometido por sua mulher. Por outro lado, uma ênfase está aqui presente: Peronnella repete seu pecado no fim da novela, sem que isto seja necessário para a estrutura da seqüência. Vê-se bem que o "sal" da novela pode vir de partes, estruturalmente, pouco importantes: a ênfase é, aqui, o momento que justifica a existência da novela (e sobretudo a metáfora da dupla "raspagem do tonel").

Há múltiplos outros meios para evitar uma punição; um dos mais freqüentes é o de agir de forma que a pessoa que devia punir realize o mesmo pecado: isto lhe tira a possibilidade moral de punir. Assim, em I,4, o monge atrai o abade ao quarto em que o espera sua bela; ou, ainda, em IX,2, Isabetta está pronta a receber sua punição até o momento em que percebe que a superiora do mosteiro está coberta com calças de homem ao invés de seu véu. Confundida por ter cometido o mesmo pecado que ela, a superiora não pode mais punir Isabetta.

Às vezes, é o próprio justiceiro que recusa infligir uma punição: é, pois, ele que transgride uma lei metalegal. É o caso de V,4, onde o pai de Catarina não pune Ricardo por ter dormido com sua filha, mas lha propõe como esposa: Ricardo é um ótimo partido!

Em todas estas novelas, a punição não é infligida. O caso contrário também existe, ainda que bem mais raramente. Assim,

Guido pune aquela que tinha o coração muito duro (V,8), como Conrado pune Giannotto (II,6). Estas punições são, entretanto, quase sempre compensadas por uma não-punição ulterior (salvo em IV,4).

As punições podem também ser compensadas por uma contrapunição: é o esquema da vingança. Podemos dizer que, neste caso, considera-se a primeira punição como um delito, o que acarreta uma nova punição. Assim são construídas as novelas 1, 5 e 9 do quarto dia. Os pais da mulher matam, em cada uma destas estórias, o seu bem-amado; mas a mulher se suicida, o que provoca sofrimentos ainda maiores aos pais (ou mesmo o medo de uma perseguição criminal, como em IV,5).

Os raros casos em que as condições parecem permitir formar uma seqüência de hipótese (como em IV,6; VI,6; IX,7; X,10) deveriam ser alinhados, se admitirmos sua independência, ao lado das outras leis: neste caso, trata-se da instauração de uma lei provisória, válida unicamente neste quadro e durante a duração de uma novela.

4. Ambigüidade: Proposicional e Seqüencial

O problema da ambigüidade se coloca em dois níveis que correspondem à proposição e à seqüência. Nós não poderíamos, entretanto, analisar a ambigüidade proposicional, estudando as proposições, pois esta propriedade da proposição só aparece uma vez, estando esta inclusa na seqüência.

A ambigüidade proposicional não está ligada ao desnível entre unidades semânticas e unidades sintáticas, como poderíamos crer. Os verbos transgredir, punir, modificar a situação, podem ser representados pela mesma ação, o assassinato (IV,7), mas não há nenhuma dúvida quanto à função sintática de cada uma das ocorrências do assassinato. A ambigüidade proposicional é um fato puramente sintático.

Para que esta seja percebida, é preciso que uma proposição esteja inclusa em duas ou mais seqüências ao mesmo tempo. Então, dois casos são possíveis: ou esta proposição se escreve de forma semelhante nas duas seqüências — o termo ambigüidade não parece convir aqui, pois a proposição guarda seu sentido sintático, mas assume uma dupla função; estes casos são raros — ou a ação, permanecendo materialmente a mesma, deve ser representada como duas proposições diferentes, para restabelecer a estrutura seqüencial.

Eis um exemplo do primeiro caso. A princesa de Inglaterra quer ganhar o amor de Alexandre. Por outro lado, Alexandre acredita que esta pessoa é um homem. Por um único gesto, fazendo-o sentir seus seios, a princesa de Inglaterra resolve as duas seqüências (II,3). Poderíamos apresentar esquematicamente esta ambigüidade, assim:

$$\left.\begin{array}{l}(XA)_{opt\ Y} \Rightarrow \\ X(YB) \quad +\end{array}\right\} Ya \Rightarrow \begin{cases} XA \\ Y-B \end{cases}$$

Uma ambigüidade parecida se realiza facilmente com o verbo *a* ou com um optativo porque estes se reencontram em todas as seqüências.

O segundo caso é bem mais comum. A estória do rouxinol é, entre outras, um exemplo disto. Para poder dormir com seu namorado, a jovem pretende que tem necessidade de dormir no jardim, de tanto que ela gosta do canto do rouxinol. O estratagema dá certo; mas o amante, cansado, dorme no leito de sua amante, onde o descobre, na manhã seguinte, o pai desta. A punição será evitada pelo casamento. A seqüência inicial trata de um desejo e de sua realização. Mas esta mesma realização torna-se a primeira proposição de uma nova seqüência que trata do delito e da sua punição (V,4). Exatamente o mesmo esquema se repete em V,6.

Podíamos não notar o primeiro caso de ambigüidade, mas é necessário introduzir uma notação para esta. Separaremos pelo signo // as duas proposições que se relacionam à mesma ação, por exemplo, em V,4:

$$X - A + (XA)_{opt\ Y} \Rightarrow Ya \Rightarrow XA\ //\ Xb(\Rightarrow ZcX)_{obr} + \ldots$$

Uma novela do *Decameron* parece feita para ilustrar o fenômeno da ambigüidade (IV,3). Aqui não é mais o desejo realizado que se torna o delito, mas a punição ou a modificação. Três irmãs vivem com seus maridos na ilha de Creta. Um dia, Restagnone, o marido de Ninetta, fica apaixonado por uma outra mulher e começa a lhe fazer a corte. Ninetta, com ciúme, quer puni-lo assim, faz com que ela beba uma beberagem envenenada. Esta punição, desde que descoberta, se transforma em crime. Agora é o Duque de Creta que quer matar Ninetta; ele a fecha na prisão, à espera da execução. Neste momento, a segunda irmã decide salvar sua irmã mais velha. Para isto, ela se oferece ao duque que a perseguia há muito tempo. Em recompensa, o duque envia Ninetta a sua casa. Mas Folco, o marido de Madalena, compreende qual foi o meio utilizado para salvar sua cunhada; desembainha sua espada e mata sua mulher. Desta vez é a ação de liberação (de modificação) que é considerada, por uma outra perso nagem, como um delito que merece punição. Esta punição é vista pelo duque como um novo delito que ele se propõe punir. Se transcrevermos esta parte da estória, obteremos:

$$Xb \Rightarrow YcX//Yb(\Rightarrow ZcX)_{obr} + Wa \Rightarrow Z - cY$$
$$//$$
$$Wb \Rightarrow VcW$$
$$//$$
$$Vb(\Rightarrow ZbV)_{obr}$$

onde as variáveis designam, como segue:
X Restagnone
Y Ninetta
Z o duque
W Madalena
V Folco

O duque não consegue punir Folco; o fato é, evidentemente, significativo: as únicas punições que se realizam são pseudopunições; o verdadeiro justiceiro é incapaz de punir.

Notemos aqui que o leitor não é, de forma alguma, constrangido pela existência da ambigüidade proposicional; ao contrário, sua presença dá a impressão de uma densidade particular, de uma intriga bem construída.

Passemos agora aos problemas de ambigüidade seqüencial. A fonte desta é a existência de várias personagens com as quais o leitor tende a se identificar. O ponto de vista do leitor, inerente à narrativa, coincide habitualmente com o de uma das personagens. Se ele passa, entretanto, sucessivamente, de uma das personagens a outra, é muito possível que apareça uma ambigüidade seqüencial. Este tipo de ambigüidade foi assinalada por Cl. Bremond sob o nome de JUNÇÃO.

Já vimos que a inversão de um atributo podia tornar-se a fonte de um malefício: este caso nos põe em face da ambigüidade proposicional se os dois se seguem. Mas é igualmente possível que os dois aspectos da ação estejam presentes simultaneamente; um problema surge, então, diante de quem quer transcrever a novela em uma seqüência porque, pode-se, com direito semelhante, interpretar a novela de várias maneiras. A ambigüidade seqüencial consiste precisamente na possibilidade de atribuir duas ou mais estruturas a uma mesma estória.

Tomemos uma novela como III,4. Ela conta, ao mesmo tempo, como Dom Félix chega a fazer amor com a mulher do Frade Puccio, e como esta evita a punição de seu marido. Se as duas interpretações viessem uma após a outra, teríamos tido um caso de ambigüidade proposicional. Mas o esforço das duas personagens vem junto; aliás, Félix se encarrega, ele também, de evitar a punição; a mulher do Frade Puccio procura também o estado de amor sexual. Esta estória parece ser, ao mesmo tempo, uma seqüência de lei e uma seqüência atributiva. O caso é semelhante em V,5. Se nos colocamos do ponto de vista dos dois jovens que disputam os favores de Inês, trata-se de uma punição evitada (como testemunha, em particular, a cena do julgamento). Mas, visto sob o ângulo de Inês e de seu pai adotivo, a novela realiza, de preferência, uma seqüência atributiva.

É raro que as duas seqüências estejam justificadas da mesma forma, tanto uma como a outra, e que o equilíbrio entre as duas seja perfeito. Há razões para apresentar as novelas citadas como uma mudança de atributo mais do que como punição. Se não fosse assim, seríamos obrigados a introduzir uma nova notação, por exemplo o colchete.

Esta ambigüidade é, às vezes, atestada nos próprios comentários do narrador e da audiência. Assim acontece a propósito de VIII,8, que contém igualmente uma ambigüidade. Spinelloccio torna-se amante da mulher de Zeppa; este, para puni-los, torna-se amante da mulher de Spinelloccio. A primeira parte da estória é claramente um delito, mas a segunda aparece como um novo delito, recíproco do ponto de vista de Zeppa; ou como uma punição, se se julga, colocando-se do ponto de vista de Spinelloccio. Fiammetta, o narrador, apresenta a novela como uma ilustração da sentença "basta bater no asno tão forte quanto ele mesmo o faz contra a parede"; mas a rainha (Laurinha) conclui que "Spinelloccio ... foi muito justamente escarnecido por Zeppa". Este desacordo reflete a ambigüidade estrutural da novela; é, por outro lado, um bom exemplo para mostrar que ações substancialmente idênticas não oferecem na maior parte do tempo, o mesmo sentido.

É preciso evitar confundir a ambigüidade seqüencial com outros fenômenos, à primeira vista, parecidos. Assim é a concretização ulterior da seqüência: vimos que cada proposição podia se reescrever como uma seqüência inteira; como a natureza desta pode ser diferente da primeira, observaremos duas seqüências diferentes onde só há uma.

5. Combinações de Seqüências

Uma vez que tenhamos estabelecido os critérios que decidem se estamos em face de uma seqüência, sabemos automaticamente em que casos podemos falar de combinação de seqüências, de duas ou várias seqüências. Como dissemos que uma seqüência comportava, seja uma inversão de atributo, seja um delito, é claro que, se encontrarmos uma inversão e um delito, teremos a combinação de duas seqüências. Acontecerá o mesmo, evidentemente, para vários delitos ou várias inversões.

Somos, freqüentemente, tentados a ver mais de uma seqüência em uma novela; mas é preciso distinguir a verdadeira combinação de seqüências de vários casos vizinhos. Não examinaremos, nesta rubrica, senão os casos em que o resumo mais breve da novela contenha já em si estas diferentes seqüências. Um outro problema é o que coloca as personagens secundárias: freqüentemente, suas estórias, sem serem necessárias para a compreensão da novela, formam seqüências inteiras. Por outro lado, a concretização de cada proposição transforma esta, já o vimos, em uma seqüência; esta, entretanto, deriva de um nível diferente do da primeira. Enfim, acontece que uma mesma proposição seja reiterada várias vezes, sendo que estas reiterações se seguem sem nenhuma interrupção. Assim, Alatiel repete oito vezes sua experiência de mulher fatal (II,7), mas estas ações serão representadas por uma única proposição na seqüência.

Se duas seqüências, 1 e 2, se combinam, pode-se imaginar os seguintes casos elementares: 1-2, 1-2-1, 1-2-1-2. Chamaremos o primeiro caso de ENCADEAMENTO, o segundo de ENCAIXE, e o terceiro de ALTERNÂNCIA.

Este é o mais raro no *Decameron*. Um dos únicos exemplos é a novela V,3, que conta as aventuras de Pedro e Agnolella, perdidos no campo romano. Em um momento da estória, os dois apaixonados se separam; alguém, então, nos conta, pedaço por pedaço, as aventuras de cada um durante um certo lapso de tempo. O narrador passa assim várias vezes de uma personagem a outra. É a definição mesma da alternância: as duas seqüências se entrecortam. Podemos supor que esta forma de combinação se adapta melhor a narrativas de dimensões superiores; é a lei, igualmente, que guia freqüentemente o movimento do diálogo no drama.

O encadeamento é, por sua vez, a forma mais elementar de combinação: é o simples "lado a lado" de duas seqüências; sua ligação tem um caráter metonímico: os dois apresentam as mesmas personagens, ou o mesmo quadro, etc. O encadeamento é ilustrado por múltiplas novelas. Assim, IV, 2: alguém nos narra, inicialmente, como Frei Alberto seduz Lisetta, se fazendo passar pelo anjo Gabriel (seqüência atributiva), em seguida, como este "anjo" é punido por um pérfido veneziano (seqüência de lei).

O encaixe põe um número maior de problemas[2]. De início, porque faz aflorar o problema do tempo. Talvez tenha-se percebido que nossa gramática não comportava categoria temporal. Com efeito, os fenômenos temporais da narrativa não formam um conjunto homogêneo. É preciso, primeiro, distinguir a temporalidade própria da narrativa da temporalidade da leitura (ou da narração), ou, então, a do enunciado e a da enunciação. Do ponto de vista do leitor, toda a narrativa se desenvolve no passado; do ponto de vista das personagens, no presente. Se a narrativa seguisse uma temporalidade linear, como nos é freqüentemente fácil pensar, não teríamos necessidade de nenhuma outra categoria temporal. Mas é quase impossível imaginar uma narrativa que obedeça rigorosamente a um tempo linear. A existência de várias personagens, fato entretanto tão habitual à narrativa, cria uma multidão de dimensões temporais; se quisermos ir sempre no sentido "mais distante — menos distante", seria preciso negligenciar o que todas as outras personagens fazem "durante este tempo".

Para o leitor, a narrativa possui, pois, um futuro e um passado, que interferem com o tempo de base. Como este tempo é, por definição, um passado, seria mais justo falar não de passado e futuro, mas de RETROSPECTIVO e PROSPECTIVO, todos os dois englobados no tempo da narrativa.

Se analisarmos a novela independentemente do ato de leitura, a situação é ainda diferente. A categoria do tempo não é homogênea; mesmo mais que isto, ela não existe. Já vimos que o prospectivo tomava na narrativa a forma de um modo, o PREDITIVO, na medida em que ele apresenta uma relação com o sujeito de sua enunciação; aliás, os outros modos se ligam igualmente a acontecimentos situados no futuro. Não há, neste momento, nenhuma diferença entre o presente e o indicativo. Enfim, reencontramos o retrospectivo enquanto forma sintática; é, precisamente, o encaixe. A seqüência encaixada narra freqüentemente um acontecimento que se desenvolveu antes do da seqüência encaixante; ela é uma digressão da ação precedente. Ao mesmo tempo, o encaixe é um fenômeno mais geral que o retrospectivo, sendo que certas seqüências encaixadas não são anteriores no tempo.

Um outro problema do encaixe (que encontramos também a propósito do encadeamento) é o da junção: como se realiza a combinação das seqüências? O encadeamento conhece

---

2. Cf. "Os Homens-Narrativas", in TODOROV, T., *As Estruturas Narrativas*, São Paulo, Perspectiva, 1970, pp. 135-146.

duas possibilidades: ou a última proposição da primeira seqüência e a primeira da segunda se ligam a uma mesma ação, ou, dito de outra forma, é uma proposição ambígua (como no caso do anjo Gabriel, IV,2); ou as seqüências são justapostas, sem nenhuma juntura. É o caso de V,1, por exemplo: inicialmente conta-se o "acordar" de Cimone e, em seguida, seus amores.

A conexão das proposições no encaixe toma, igualmente, duas formas: ou porque as suas seqüências são inteiramente independentes, ou porque a seqüência encaixada desempenha o papel de uma proposição na seqüência encaixante. Um exemplo do primeiro caso é III,7: Tedaldo perde e depois reencontra sua amante; entre os dois, ele participa de um caso sombrio cujos resultados não têm nenhuma influência sobre seus amores. O segundo caso é ilustrado por I,7: para provocar a generosidade do Senhor Cane, Bergamino lhe conta a estória de Primasso e do Abade de Cluny. Esta estória torna-se, pois, uma arma na primeira seqüência (é uma ação modificante). Sua apresentação na primeira seqüência lembra de perto o problema da pronominalização. Ao dizermos "ele conta uma estória que fez Cane mudar de opinião", realizamos uma operação semelhante àquela em que se substitui um pronome por uma frase inteira. Este tipo de encaixe é o mais extenso: assim são, por exemplo, as narrativas de Cherazade em *Mil e Uma Noites*.

Às vezes, a seqüência mais à esquerda ou mais à direita tem um caráter incompleto e pouco acentuado. Poder-se-ia falar, neste caso, de seqüências "introdutórias" ou "conclusivas", ou ainda, forçando um pouco o sentido das palavras, de prólogo e epílogo. Assim, em I,1, antes que nos contem a aventura de Ciappelletto, ficamos sabendo como ele é convocado por Musciatto Franzesi, como este o envia à Borgonha, etc. Ainda aí, estamos diante de um fenômeno relativamente raro no *Decameron* e provavelmente freqüente nas narrativas mais longas.

Até aqui só observamos as combinações de duas seqüências; ora, muito freqüentemente, estas são mais numerosas. Suas combinações, entretanto, obedecem às mesmas regras que as de duas seqüências somente. Sendo os exemplos, teoricamente, ilimitados, assinalemos simplesmente aqui algumas estruturas que encontramos no *Decameron*.

Há, inicialmente, o caso de encaixe de duas seqüências encadeadas: 1-2-3-1. Por exemplo, II,8: Gualtieri é injustamente punido; vem, então, a estória de sua filha, depois a de seu filho, e, no fim, a da reabilitação de Gualtieri.

Quando três seqüências se combinam, a forma seguinte é igualmente possível: 1-2-3-2-1, isto é, um duplo encaixe. Assim, em II,6, contam-nos, de início, as infelicidades do marido, em seguida as da mulher, em seguida as do filho — depois sua felicidade, assim como a de sua mãe, seguida da de seu pai; o mesmo acontece em V,2.

Uma forma ainda mais complexa aparece em II,5, a estória das infelicidades de Andreuccio em Nápoles. Há aqui duas seqüências encadeadas, cada uma encadeando várias outras que são igualmente encadeadas (1-2-3-1-4-5-6-7-4: 1 e 4 são seqüências simétricas de inversão do atributo "riqueza").

Há, enfim, casos em que a alternância vem se misturar às duas primeiras formas. Assim, em V,7, encontramos três seqüências. A primeira narra que Teodoro foi tomado, por engano, por um escravo e tratado como tal; mas a intervenção de seu pai lhe devolve seus direitos. A segunda concerne a seus amores com Violante: ele sonha ganhar seu amor; no fim, consegue mesmo desposá-la. A terceira é uma seqüência de punição: Américo, o pai de Violante, está descontente com estes mesmos amores e quer matar Teodoro, mas este será salvo. Estas três seqüências dispõem-se na seguinte ordem: 1-2-3-1-3-2. Dito de outra forma, a primeira alterna com a segunda e a terceira; a terceira está encaixada na segunda.

6. Casos Particulares

a. Nono dia, décima novela

Examinaremos, aqui, estas novelas que parecem rebeldes ao sistema traçado até o presente. Serão para nós, de alguma maneira, enunciados gramaticais que, pela incorreção gramatical que contêm, acentuam ainda mais o próprio sistema.

A décima novela do nono dia apresenta um caso relativamente simples. A estória é a seguinte: Gianni, o cura, se liga por amizade a Pedro, pobre camponês da região, e a sua mulher Gemmata. Estes lhe pedem, um dia, para transformar Gemmata em jumento para que ela ajude melhor seu marido no trabalho. Gianni começa a transformação, mas no momento de "grudar o rabo", o marido grita que não quer isto. A transformação fracassa.

A estrutura desta novela não tem nada de inédito; trata-se de uma renúncia ao desejo e de uma não-inversão. A dificuldade vem unicamente do momento central, o de grudar o rabo. No momento em que o cura anuncia que gruda o rabo no jumento, Pedro vê que ele começa a fazer amor com sua mulher. Não podemos, pois, falar de falsa visão; nem Pedro, nem Gianni, aliás, estão enganados por uma ilusão visual. Mas não se trata tampouco de um simples ato de amor, senão o marido poderia ter punido os amantes, no entanto ele se vê incapaz disso. Trata-se, pois, de um outro tipo de visão, diferente das visões verdadeiras e falsas, que é a visão "pretendida": poder-se-ia dizer que Gianni fazia preceder seus atos da expressão "eu pretendo que..." seguida da descrição de um ato diferente do percebido pela assistência. Pelo fato de que o cura pretende fazer outra coisa, ele não pode mais ser acusado de cometer um delito.

Por que não ter introduzido esta visão em nossa gramática? Pela única razão de termos um só exemplo dela. Erigir esta exceção à linha de regra seria construir um sistema pouco econômico. Se tivéssemos um número maior de ocorrências desta visão, poderíamos introduzi-la no interior do sistema. No momento, casos intermediários, como VIII,9 (os amantes fazendo amor sob os olhos do marido que está sobre a "pereira encantada") podem ser considerados como falsas visões habituais.

Notemos que esta estória é tomada, por Boccaccio, à tradição dos contos populares (*fablieux*), mas que, no *fabliau*-fonte, não há visão de "pretensão".

b. Quinto dia, nona novela

É a estória, justamente célebre, do falcão. Ela faz sobressair uma característica mais importante de nossa gramática.

A estória é a seguinte. Frederico, rico florentino, apaixona-se por Joana, esposa de um outro. Ele lhe faz a corte e gasta todo seu dinheiro para conquistá-la, mas a dama guarda sua virtude. Empobrecido, Frederico se retira para o campo, onde caça com seu falcão, o único bem que lhe resta.

O marido de Joana morre; esta se retira igualmente para o campo, não distante de Frederico, e seu filho vai, freqüentemente, à caça com este. O menino aprecia bastante o falcão e, um dia, estando doente, declara à sua mãe que, para sarar, deveria possuir o falcão. Sua mãe hesita, sabendo como o falcão é precioso para Frederico, mas vai finalmente a sua casa. Frederico fica feliz em recebê-la. Ela deve, antes compartilhar seu jantar, mas Frederico descobre que não há nada para oferecer a Joana. Outrora, ela recusava participar dos festins luxuosos que ele oferecia; agora ela está aí, mas ele não tem nada a lhe oferecer. Desesperado, ele vê, subitamente, o falcão: ele o mata, faz dele uma refeição e ambos comem. Quando Joana formula seu pedido, é muito tarde: Frederico, mais triste que nunca, mostra-lhe as plumas, as patas e o bico do pássaro. Joana se vai, seu filho morre; tocada pela generosidade de Frederico, Joana o esposa.

Não é impossível encontrar as seqüências contidas nesta novela; descobriremos, mesmo, uma estrutura muito regular;

entretanto, nossa análise deixará passar despercebido justamente aquilo que constitui o centro da novela. Pode-se dividi-la em duas seqüências: a primeira concerne ao amor de Frederico, a segunda, à doença do filho de Joana; a primeira se encontra no início e no fim. Trata-se de uma inversão de atributo, após uma primeira tentativa fracassada: no início, Joana não ama Frederico, no fim ela o ama. A segunda seqüência encaixada é também atributiva, mas é uma não-inversão que se realiza por um comparativo (doente − morto). Contém uma condição não-realizada (se Frederico dá o falcão, ..., ele não o dá.).

Não é tudo. As duas seqüências oferecem uma grande semelhança estrutural. Em cada uma delas, pede-se a alguém um objeto que se ama: Frederico pede Joana a Joana; Joana pede seu filho a Frederico. O possuidor do bem e aquilo que pede só mudam de lugar. Se bem que o primeiro pedido tivesse sido rejeitado, não está menos presente. Assim, a cena de encontro entre Frederico e Joana foi preparada com cuidado e o suspense entre os dois protagonistas é levado ao máximo (pode-se considerar que tudo que precede só foi motivação da tensão presente). Todos os dois são, nesta cena, ao mesmo tempo, o que pede e o doador; Frederico pede sempre o amor de Joana; esta pede a vida de seu filho.

A cena referente ao pássaro adquire assim uma importância particular; ao mesmo tempo, sua ambigüidade torna difícil sua descrição. Joana tem medo de pedir demais a Frederico; ela teme que o pássaro lhe seja demasiado precioso. Ora, se produz o contrário: Frederico lho oferece depressa e cedo demais. Assim, ainda que ele não possa satisfazer ao pedido de Joana, não podemos acusá-lo de avareza; ele dá o falcão mas de forma diferente da que lhe é pedida.

É nesta dádiva, que não o é, que reside a especificidade inapreensível (para nossa gramática) da novela: este ato é, diremos, SIMBÓLICO. Todas as ações que encontramos até o presente se organizam numa lógica, enquanto tais e não como signo de outra coisa. É possível procurar um conteúdo simbólico para as outras novelas de Boccaccio, mas não é necessário. Poderíamos, a cada momento, explicar o encadeamento das ações, levando em conta somente seu sentido literal; aqui, já não o podemos. Não podemos responder à questão: por que Frederico não pode satisfazer ao pedido de Joana?, sem passarmos a um nível simbólico.

Este caráter simbólico já está presente no universo das personagens. O falcão simboliza, para Joana, a vida de seu filho; para Frederico, significa seu objeto mais precioso e, ao mesmo tempo, um meio de provar seu amor por Joana. Este primeiro nível de simbolização torna-se, ele próprio, símbolo para o leitor: esta impossibilidade de contato, devida aos diferentes valores atribuídos a um objeto, significa ainda outra coisa, uma lei mais geral (e não é necessário que peguemos claramente seu sentido).

Com efeito, o sacrifício do falcão torna-se impossível porque, na cena crítica do encontro, uma lei de troca se encontra infringida. Frederico quer dar e tomar ao mesmo tempo. Sua forma de oferecer o falcão não é um verdadeiro dom; ao dá-lo assim, de fato ele toma: é Joana que se compromete, partilhando a refeição de Frederico; é sua única maneira de lhe dar algo antes de lhe pedir o falcão. Há, pois, uma lei, segundo a qual um objeto não pode ter mais de um valor ao mesmo tempo. É por causa dela que Frederico não pode oferecer seu falcão, ainda que seja generoso.

Esta novela nos põe em face de um tipo de escrita que ainda não havíamos encontrado no *Decameron*, a escrita simbólica. Regras particulares devem ser introduzidas, se quisermos poder dar conta, de uma maneira semelhante àquela praticada até aqui. A literatura do símbolo possui seus próprios problemas e, pois, sua própria gramática.

c. As facécias

Reunimos, sob este termo genérico, as seguintes novelas: VIII,3, 5, 6 e 9; IX,3 e 5. Estas novelas se caracterizam já por uma grande unidade e formam, de certa maneira, um ciclo; têm todas as mesmas personagens: Bruno, Buffalmacco e Nello, de um lado, e Calandrino e Mestre Simão, de outro; todas elas têm, além disso, a mesma estrutura.

Esta estrutura não nos é desconhecida: trata-se de uma inversão de atributo; mas o que é surpreendente é sua interpretação semântica (no nível mais geral). Podemos contá-las todas da seguinte maneira: Calandrino (ou Mestre Simão, etc.) é estúpido, avaro, etc., e Bruno (Buffalmacco, Nello, etc.) decide puni-lo; inventa uma farsa, ao fim da qual Calandrino se vê humilhado, infeliz, etc. Poderíamos codificá-la assim:

$$XA + XB \Rightarrow (X - A)_{opt\ Y} \Rightarrow Ya \Rightarrow X - A$$

onde:
X Calandrino
Y Bruno
A feliz

B estúpido
a disfarçar uma situação.

Trata-se de uma inversão de atributo, feliz-infeliz, com uma motivação (a proposição XB). Ora, em nenhuma outra parte, encontramos o desejo de tornar alguém infeliz; aliás, se tivesse existido, teria sido antes reprovado que louvado. A explicação disso é que a estupidez é tomada por um defeito tão grave que é considerada delito; neste momento a ação de Bruno vem como uma punição bem merecida. É assim que é formulada a lei destas novelas por um dos narradores:

> De minha parte, eu os escuto falar de um indivíduo que procurava um bordão para que lhe batessem. Na minha opinião, as pessoas que se encarregaram de tal tarefa são dignas não de censura mas de elogio (VIII,9).

Poderíamos, pois, dizer que se trata aqui de uma forma intermediária entre as punições e as inversões de atributo.

Mas o *Decameron* não apresenta, em nenhum outro lugar, um elogio da punição; ao contrário, todas as novelas consistem em nos contar como passamos além da lei que a impõe. É preciso concluir disso que, apesar dos numerosos pontos em comum com as outras novelas, as facécias formam um gênero à parte, distinto do da novela boccacciana e que se refere a um sistema particular de regras.

7. Estutura da Novela

a. Questão e Resposta

Terminamos a descrição dos constituintes da novela. Agora, é preciso tentar abranger, com um só olhar, o conjunto das novelas, considerando-as não mais segundo sua constituição a partir de elementos mais simples, mas como um todo. Chegaremos assim a uma imagem geral da narrativa, tal qual ela aparece no *Decameron*. As observações, aqui contidas, não mais poderão caracterizar uma dessas novelas em vista das outras, mas o conjunto do livro em relação a outras coletâneas de novelas. É provável que numerosos traços comuns a todas as estórias do *Decameron* caracterizem, igualmente, todo o gênero "novela".

Retomemos inicialmente o que observamos à propósito da estrutura sintática da novela. Poderíamos dividi-la em duas partes, fazendo passar o limite entre as duas relações obrigatórias: o desejo e a modificação. Nesta perspectiva, a primeira parte expõe um certo estado de coisas, enquanto que a segunda dá uma transformação dela. É fácil aproximar tal organização da organização do problema matemático: a primeira parte contém os DADOS, a segunda traz a SOLUÇÃO deles. A primeira parte contém, pois, a hipótese, a dúvida, a falta de conhecimentos, que serão preenchidos na parte seguinte. Um fato normal significativo vem confirmar esta impressão: todas as proposições modais aparecem na primeira parte da novela.

Lembremos, nesta perspectiva, a intriga de algumas novelas.

I,5: o rei ouve falar da beleza de uma dama e decide seduzi--la (aí estão os dados do problema). Mas esta dama se defende tão bem que o rei tem que partir sem ter obtido nada (esta é a solução do problema colocado).

III,9: Giletta de Narbona deseja ser mulher de Beltrão; mas este a repudia e coloca condições que parecem insuperáveis (proposição modal; os dados). Por seus esforços, Giletta chega a seu fim (resposta ao problema).

VII,10: Tingoccio e Meuccio amam a comadre do primeiro. Este se torna seu amante; será ele punido no outro mundo? (dados). Não, porque esta ação não é aí considerada pecado (solução).

E assim por diante, até o fim da coletânea.

Há outro modo de formular esta mesma relação entre as duas partes: podemos dizer que a primeira constitui uma questão à qual a segunda responde. Não estamos longe dos dados e da solução do problema, mas o que sabemos das propriedades lingüísticas da questão e da resposta nos permitirá ver melhor a estrutura sintática da novela.

Notemos, inicialmente, que, em uma lingüística do discurso, a questão pode ser precisamente caracterizada como uma fala que provoca outra fala, enquanto a resposta é a fala suscetível de estancar o fluxo do discurso. Um estória não pode, pois, começar a não ser por uma questão e só pode se fechar por uma resposta (senão ela deveria continuar). Ao mesmo tempo, o par questão-resposta forma o núcleo do diálogo; é um microdiálogo. Logo, a novela é, ela também, profundamente dialógica. E, inversamente, todo par de réplicas em um diálogo é uma novela em potencial.

Sabemos, por outro lado, que a estrutura gramatical profunda de uma questão e de sua resposta é idêntica. "A França é um país democrático? — A França é um país democrático. — A França não é um país democrático.": estas três frases têm a mesma estrutura profunda. Logo, se as duas partes da novela podem ser consideradas como extensões da questão e da resposta, elas terão assim uma estrutura, em grandes linhas, semelhante. E, com efeito, vimos com freqüência que a segunda parte retoma a narrativa da primeira, fazendo-a, apenas, receber diversas transformações. Em particular, a primeira parte contém proposições modais que passam ao indicativo na segunda, guardando a mesma estrutura. A questão e resposta forma, pois, uma unidade ao mesmo tempo lógica e espacial.

Esta afinidade dos modos com a interrogação (a do indicativo com a resposta parece natural) merece igual atenção. A questão "lingüística" é tão diferente da dos modos? As duas formas parecem colocar uma existência como possível e não como real. Um sistema nocional de modos poderia muito bem ter um "modo interrogativo".

b. A troca

Se passamos, agora, para o lado semântico das novelas, sua unidade parece residir no tema da troca. Podemos considerar todas as novelas como descrevendo um grande processo de troca que domina o universo do *Decameron*; seus diferentes aspectos ou suas variedades são representadas nas novelas particulares. Podemos mesmo precisar, imediatamente, ainda mais, este tema, porque as novelas do *Decameron* não se contentam em descrever o sistema de troca que domina a sociedade descrita pelo livro, mas trazem sua TRANSGRESSÃO. Podemos dizer, assim, que a unidade semântica das novelas se realiza no tema da TROCA FALSEADA. Sempre teremos presente dois elementos: o sistema de troca estabelecido, que governa as relações em uma sociedade, e sua ruptura, que constitui, precisamente, o objeto da novela.

Pode-se estabelecer, facilmente, várias classes de novelas que se distinguirão segundo descrevam este ou aquele tipo de troca, este ou aquele meio de transgredi-la. Assim, dividiremos, de início, as trocas em duas grandes categorias: trocas de duplo sentido e trocas de sentido único.

(I) As trocas de duplo sentido pressupõem, obrigatoriamente, duas operações sucessivas que podemos descrever assim: (1) X dá a Y. (2) Y dá a X (ou X recebe de Y). Esta categoria se caracteriza, pois, pelos verbos *dar* e *receber*. Estas trocas repousam normalmente sobre a identidade dos valores trocados nas duas operações.

Há vários meios de romper este sistema de troca. Eis os mais correntes:

(a) Falseamos a troca, não levando em conta suas regras, não entrando no jogo. Vários casos podem ser aqui distinguidos. Podemos ser coagidos pelas circunstâncias e nos encontrarmos na impossibilidade de participar da troca: assim, Frederico, apesar de sua boa vontade, não pode mais dar o falcão a Joana, após esta ter-lhe endereçado um gesto de amabilidade (V,9). Ou, ainda, a intervenção do destino faz com que a troca não seja sincronizada: a segunda operação, que deve fechar o processo, não vem em tempo. Assim, Salvestra responde ao amor de Girolamo somente após sua morte (IV,8); o rei da Espanha recompensa Ruggieri, por tudo o que este lhe deu, demasiado tarde (X,1). Uma lei semelhante era postulada por Chklovski no que concerne ao universo de *Roland amoureux* de Boyardo e *Eugène Onéguine* de Púchkin (*Théorie de la littérature*, p. 171).

Também podemos recusar a troca voluntariamente. Esta ação é bastante malvista (é preciso trocar!) e seu sujeito é habitualmente punido: assim, Helena, faz o clérigo vir ao seu jardim (X dá a Y) mas não quer lhe abrir a porta (Y não dá a X) (VIII, 7). Assim, igualmente, a incrédula Margarida não dá muita importância ao conselho recebido (IX,7). O pecado da avareza será particularmente malvisto no *Decameron* (cf. I,7 e 8, ou as estórias de Calandrino).

(b) Uma outra maneira de recusar a troca é ser generoso e dar sem receber. Se a generosidade, tal como é descrita no décimo dia do *Decameron*, era verdadeiramente isto, este tipo de troca seria de "sentido único", mas não é assim: a generosidade sempre é recompensada. Assim, Natã, ao oferecer generosamente sua vida, encontrou, de fato, o único meio de conservá-la (X,3). A generosidade não é, em si, uma negação das regras de troca; é, antes, a passagem a um sistema diferente. O generoso recebe a gratidão, a admiração daquele que foi objeto da generosidade. É, aliás, notável que, para ilustrar a "boa ação", Boccaccio escolhesse precisamente a generosidade, o "dar sem receber", o que é uma prova suplementar da constância do tema da troca.

O suicídio se encontra, igualmente, aqui. Esta ação, à primeira vista completamente individual, é, assim como a generosidade, muito cotada no sistema de troca. Aquele que se suicida tem razão, não pode ser culpado: assim, a inocência de Simona é reconhecida desde que ela atente contra sua vida (IV,7). Estes dois casos nos introduzem, pois, na segunda maneira de falsear o sistema de troca: o de substituí-lo por outro. Às vezes, esta passagem de um sistema a outro se cumpre em circunstâncias menos trágicas: assim, Bartoloméia não quer mais dar sua juventude por uma boa situação social mas quer trocá-la pelo amor-todas-as tardes (II,10). Da mesma forma, o juiz Melquisedeque dará dinheiro a Saladino, mas não por causa da ameaça: ele pede, em troca, confiança, bons sentimentos (I,3).

(c) Podemos recusar o sistema de troca; podemos substituí-lo por outro; mas não podemos trapacear no interior deste mesmo sistema. É uma solução que, freqüentemente, escolherão as personagens do *Decameron* (cf. por exemplo: I,1; II,5; III,4,8 e 10; VIII,1,2,4 e 10; IX,10). A trapaça consiste em que X faz Y crer que lhe dá alguma coisa quando não é verdade; Y acredita e dá verdadeiramente a X. Por exemplo, o cura faz Belcolore acreditar que lhe dá seu casaco; Belcolore dorme com o casaco mas o cura o recupera (VIII,2). Ou Ferondo acredita receber uma punição do céu, o que o torna menos ciumento em relação a sua mulher (III,8). O caso inverso é mais raro: X acredita enganar Y e, de fato, é o contrário que se passa. Assim, Francisco crê tomar o cavalo de Zima em troca de uma entrevista deste com a mulher dele (Francisco) que não ousa abrir a boca; de fato, Zima se torna amante da mulher, dando um cavalo ao marido (III,5)

Mesmo fora destas três formas particulares de troca, o conjunto das novelas tende a afirmar que a troca nunca pode ser correta, que o sistema, mesmo que permaneça intato, não pode assegurar a mudança de lugar de dois valores iguais. Vimos assim que, entre duas palavras espirituosas, ainda que de valor absolutamente igual, a segunda será sempre preferida. O exemplo das palavras espirituosas nos introduz, aliás, em uma troca negativa: aqui, não mais trocamos dois bens, mas dois males, dois insultos, duas zombarias. Os exemplos afluem, de novo, em abundância, sobretudo no sexto dia: VI,1,3,5,9; I,10.

A troca positiva também não conhece a igualdade. Tomemos X,9: Torello foi generoso em relação a Saladino; este quer fazer o mesmo, mas, obrigatoriamente, faz mais. O exemplo mais puro é a estória já evocada de VIII,8: cada um dos dois amigos deita com a mulher do outro, mas o segundo ato vale bem mais que o primeiro.

Notemos, enfim, um caso de troca ambígua e não repertoriado pela sociedade: é o do rapaz que passa a noite na cama de Pedro e de sua mulher, e de quem se diz:

quando o acompanhamos até o lugar, o rapaz não estava bem certo de haver, por prioridade, desempenhado, durante a noite, o papel de mulher ou o de homem (V,10).

(II) As trocas de sentido único são, à primeira vista, uma contradição nos termos: a participação dos dois pares está compreendida na própria definição da palavra troca. Por este termo, queremos, sobretudo, dar ênfase ao caráter essencialmente não-igualitário dos dois comunicantes, à desigualdade legalizada dos valores trocados. Um pretende receber sem mesmo pensar em dar. Esta categoria se caracteriza, diremos, pelo verbo "tomar".

Dois grupos de casos podem ser aqui distinguidos, segundo o estatuto daquele que toma.

(a) X tem um estatuto SUPERIOR: quer dizer que ele tem o direito de tomar. Se o sujeito da proposição é um rei, um cavalheiro, etc., ele não tem necessidade de dar para receber; ele pode tomar pela própria força de sua situação (que está, pois, inscrita no sistema de troca e mesmo definida por ele). Da mesma forma que, anteriormente, o sistema será aqui falseado, mas, como não se pode de forma alguma obrigar aquele que toma a dar, tentar-se-á FAZÊ-LO PERDER, levantar o destino contra ele, tomar-lhe, sem estabelecer um contato verdadeiro com ele. Este será, por exemplo, o caso de várias novelas "trágicas" do quarto dia. O rei pode matar o amante de sua filha (tomar sua vida; fazer desaparecer o objeto amado), a filha não pode fazer o mesmo; mas, suicidando-se, ela faz seu pai sofrer ainda mais, ela o faz perder a felicidade (IV,1; cf. também IV,2,5,9). Acontecerá o mesmo para os múltiplos amantes de Alatiel: eles acreditam poder pegá-la, mas sua presença os faz perder a vida (II,7).

(b) X tem um estatuto INFERIOR e não tem o direito de tomar; tomar é, então, considerado um delito. Tomar os bens de outro é roubar; tomar sua mulher, cometer adultério; a vida, matar. Esta ação tem sua contrapartida, que é a punição, e pela qual toma-se de novo: sua vida, seus bens, sua liberdade. A ruptura do sistema consiste, aqui, em evitar a punição; utiliza-se, com este fim, os inúmeros meios que enumeramos, estudando as "categorias primárias".

Deve-se notar que, nestes casos, a troca não se estabelece com o objeto da ação, mas com uma terceira pessoa, o legislador, que pode mesmo estar totalmente da novela: se se dorme com uma mulher casada, é com seu marido que se troca; ou com o juiz; ou com o rei; etc. Este fato acusa o "sentido único" deste segundo tipo de troca: o destinatário é um ausente.

O fato de que os delitos e as ações irresponsáveis dos que são socialmente fortes se encontrem uns ao lado dos outros é significativo: o espírito da época se manifesta nesta condenação implícita da desigualdade social.

Uma nova visão de conjunto torna-se possível a partir desta análise do tema da troca. Inicialmente, parece difícil negar sua importância para o *Decameron*: constitui o denominador comum destas novelas tão variadas.

O que é mais importante ainda é que o *Decameron* não se contenta em descrever um sistema já existente, mas o toma sempre como fundo, como ponto de partida, para, de fato, nos trazer sua transgressão — e por isso mesmo, evidentemente, um novo sistema de troca. Se o livro tem um sentido geral, é bem o de uma liberação na troca, o de uma ruptura no antigo sistema, em nome da audaciosa iniciativa pessoal. Neste sentido, poderíamos dizer, com bastante razão, que Boccaccio é um defensor da livre empresa e, mesmo, se quisermos, do capitalismo nascente. A ideologia da nova burguesia consiste, precisamente, em contestar o antigo sistema de troca, tornado excessivamente estreito e, em seu lugar, impor um outro mais "liberal", que pode fazer crer, sobretudo no início, que consiste no desaparecimento total do sistema. Esta descrição se aplica, palavra por palavra, à moral das novelas no *Decameron*. A ação livre e não-codificada (que nós chamaríamos *a*: ação modificante) é a mais apreciada neste universo. A literatura tem, sem dúvida, mais de uma ligação com a economia política.

É, por outro lado, remarcável que a tipologia das trocas, que acabamos de esboçar, confirme e precise a tipologia formal apresentada anteriormente. Os delitos constituem, aqui como anteriormente, um bloco homogêneo; as seqüências atributivas se subdividem em vários grupos, segundo as categorias semânticas que destacamos na análise das novelas. Esta convergência advoga a favor da pertinência dos dois sistemas e testemunha, ao mesmo tempo, a forte organização das novelas.

c. A narrativa: enunciado e enunciação

Os diferentes níveis de sentido no *Decameron* entram em perfeito acordo. A estrutura formal da questão e da resposta e a estrutura semântica da troca formam apenas uma. Vimos que a questão e a resposta eram o próprio núcleo de toda comunicação, de todo diálogo e, logo, de toda troca. Por outro lado, os dois tempos de troca, sempre semelhantes e sempre diferentes, são apenas uma questão e uma resposta. O universo das significações criado pelo livro possui, pois, uma unidade excepcional.

Seria, entretanto, errôneo, ver no *Decameron* só a unidade e nada mais que isso, porque, ao mesmo tempo, de maneira complementar, o livro nos oferece a imagem da contradição irredutível. Cada novela, já o vimos, se justifica pela contestação do sistema que ela traz; dito de outra forma, pela presença da ação que notamos *a*, isto é, a ação modificante, a ação motriz. Ora, esta ação e, respectivamente, esta proposição têm duas propriedades importantes. (1) Ela permite contestar o sistema pre-existente. (2) Para poder assumir esta função, ela é, obrigatoriamente, rebelde a todo sistema; é sempre original e só constitui por uma diferença em relação às outras. Para bem servir ao sistema da narrativa, deve ser individual, mas sendo individual, destrói o sistema da narrativa. A ação modificante é tão destrutiva para o mundo exterior quanto para a própria narrativa.

Há, pois, na própria base da novela, uma contradição irredutível: a mesma ação é suporte da narrativa, sua justificação, seu elemento essencial; e sua contestação é sua parte mais exterior, a menos "narrativa". Ela é ao mesmo tempo a vida e a morte da narrativa. Toda narrativa traz em si sua própria morte; é seu maior adversário: a única ameaça série para a narrativa vem da narrativa.

A mesma contradição reaparece ao nível da novela inteira, tomada enquanto enunciação. A existência de uma novela só se justifica se ela contém uma reviravolta do antigo sistema, se ela tem um caráter destrutivo. Ao mesmo tempo, pela sua própria existência de texto escrito, a novela traz uma nova norma; ao destruir um outro, ela constitui um valor estável, quando seu fim era o de contestar os valores. Com uma mão ela faz mover, desloca, e institui, assim, uma dimensão temporal; com a outra, abole o tempo e inaugura uma existência acrônica, como um traço inapagável.

POSFÁCIO

É natural que, ao fim de uma obra, reneguemos o início. Parafraseando Goethe, podemos dizer que é impossível pensar da mesma maneira sobre um assunto, antes de escrever um texto que lhe é consagrado e depois de havê-lo feito. Negar este princípio é crer na transparência do ato de escrever, é reduzir o texto à expressão de um raciocínio previamente constituído.

Com efeito, vários pontos de nosso sistema deixam-se, sem dúvida, contestar. É possível, por exemplo, que a gramática esboçada seja demasiado rica, isto é, poderíamos tê-la formulado com o auxílio de um número de unidades-base mais reduzido. Seguimos aqui uma divisão tradicional entre categorias nocionais e categorias formais; ora, o isomorfismo dos dois cortes sugere fazer a economia de um, sem por isso perder o que ele traz a mais; ou, ao menos, fazer coincidir esta distinção com aquela entre proposições e seqüências; dito de outra forma, não falar de semântica a não ser no nível das proposições, não falar de sintaxe a não ser no nível das seqüências. Por outro lado, poderíamos conduzir todos os verbos somente à "modificação", identificando assim o verbo com o dinâmico e o adjetivo com o estático. O leitor não terá dificuldades em descobrir outras falhas.

Mas se ESTA gramática particular da narrativa pode ser contestada, parece-nos que não se dá o mesmo quanto a uma idéia geral que se destaca do conjunto e que implica a existência DA gramática da narração. Esta idéia repousa sobre a unidade profunda da linguagem e da narrativa, unidade que nos obriga a fazer a revisão de nossas idéias sobre ambas. Compreenderemos melhor a narrativa se sabemos que a personagem é um nome, a ação, um verbo. Mas compreenderemos melhor o nome e o verbo pensando o papel que eles assumem na narrativa. Em definitivo, a linguagem não poderá ser compreendida sem que se aprenda a pensar sua manifestação essencial, a literatura. O inverso é também verdadeiro: combinar um nome e um verbo é dar o primeiro passo em direção à narrativa. De fato, o escritor só lê a linguagem.

AS TRANSFORMAÇÕES NARRATIVAS

O conhecimento da literatura é ameaçado, sem cessar, por dois perigos opostos: ou se constrói uma teoria coerente mas estéril, ou se se contenta em descrever os "fatos", imaginando-se que cada pequena pedra servirá para o grande edifício da ciência. Assim acontece com os gêneros, por exemplo. Ou se descreve os gêneros "como eles existiram", ou, mais exatamente, como a tradição crítica (metaliterária) os consagrou: a ode ou a elegia "existem" porque estes nomes se encontram no discurso crítico de uma certa época. Mas, então, renuncia-se a toda esperança de construir um sistema de gêneros. Ou, então, se parte das propriedades fundamentais do fato literário e se declara que suas diferentes combinações produzem os gêneros. Neste caso, somos, ou obrigados a permanecer em uma generalidade decepcionante e a se contentar, por exemplo, com a divisão lírica, épica e dramática; ou nos encontramos diante da impossibilidade de explicar a ausência de um gênero que teria a estrutura rítmica da elegia ligada a uma temática alegre. Ora, o objetivo de uma teoria dos gêneros é explicar o sistema dos gêneros *existentes*: por que estes e não outros? A distância entre a teoria e a descrição permanece irredutível.

É a mesma coisa para a teoria da narrativa. Até um certo momento, dispúnhamos somente de observações, às vezes sutis e sempre caóticas, sobre a organização desta ou daquela narrativa. Depois veio Propp: a partir de cem contos de fada russos, postulou a estrutura da narrativa (foi assim, ao menos, que sua tentativa foi compreendida a maior parte do tempo). Nos trabalhos que seguiram esta tentativa, muito se fez para aprimorar a coerência interna de sua hipótese; muito menos para preencher o vazio entre sua generalidade e a diversidade das narrativas particulares. Chegou o dia em que a tarefa mais urgente das análises da narrativa situa-se, precisamente, nesta alternativa: na *especificação* da *teoria*, na elaboração de categorias "intermediárias" que descreveriam, não mais o geral, mas o genérico; não mais o genérico, mas o específico.

Eu me proponho, no que se segue, introduzir, na análise da narrativa, uma categoria, a de *transformação narrativa*, cujo estatuto é, precisamente, "intermediário". Procederei em três tempos. Por uma leitura de análises já existentes, tentarei mostrar, ao mesmo tempo, a ausência e a necessidade desta categoria. Em um segundo tempo, descreverei, seguindo uma ordem sistemática, seu funcionamento e sua variedade. Finalmente, evocarei, rapidamente, com alguns exemplos, as utilizações possíveis da noção de transformação narrativa.

Ainda algumas palavras somente sobre o quadro mais geral no qual se inscreve este estudo. Mantenho a distinção dos aspectos verbal, sintático e semântico do texto (cf. pp. 18-19; todas as referências remetem à lista das obras citadas no fim deste estudo); as transformações discutidas aqui referem-se ao aspecto sintático. Distingo, por outro lado, os seguintes *níveis* de análise: o predicado (ou motivo, ou função); a proposição; a seqüência; o texto. O estudo de cada um destes níveis só pode se fazer em relação ao nível que lhe é hierarquicamente superior: por exemplo, o dos predicados, no quadro da proposição; o das proposições, no quadro da seqüência, etc. Esta delimitação rigorosa concerne à análise e não ao objeto analisado; é até possível que o texto se defina pela impossibilidade de manter a autonomia dos níveis. A presente análise incide sobre a narrativa, não sobre a narrativa literária.

Leitura

Tomachevski foi o primeiro a tentar uma tipologia dos predicados narrativos. Postula a necessidade de "classificar os motivos segundo a ação objetiva que descrevem" (*Théorie de la Littérature*, p. 271; daqui em diante *TL*), e propõe a seguinte dicotomia:

> Os motivos que modificam a situação se chamam motivos dinâmicos, os que não a modificam, motivos estáticos" (*TL*, p. 272).

A mesma oposição se encontra retomada em Greimas, que escreve:

> Devemos introduzir a divisão da classe dos predicados, postulando uma nova categoria classemática, a que realiza a oposição "estatismo" *vs.* "dinamismo". Segundo comportem o sema "estatismo" ou o sema "dinamismo", os ssememas predicativos são capazes de fornecer informações seja sobre os estados, seja sobre os processos que concernem aos actantes (p. 122).

Assinalo aqui duas outras oposições semelhantes que não são pertinentes ao mesmo nível. Propp distingue (em seguida a Bédier) os motivos constantes dos motivos variáveis, e dá aos primeiros o nome de funções, aos segundos, o de atributos. "Os nomes (e também os atributos) das personagens mudam, suas ações ou funções não mudam" (p. 29). Mas a constância ou a variabilidade de um predicado só pode ser estabelecido no interior de um gênero (em seu caso, os contos de fada russos); é uma distinção genérica e não geral (aqui, proporcional). Quanto à oposição, feita por Barthes, entre função e índice, situa-se no nível da seqüência e se refere, pois, às proposições, não aos predicados ("duas grandes classes de funções, umas distribucionais, outras integrativas", p. 8).

A única categoria de que disporíamos para descrever a variedade dos predicados é por conseguinte a do estatismo — dinamismo, que retoma e explicita a oposição gramatical entre adjetivo e verbo. Procuraríamos, em vão, outras distinções, neste mesmo nível: parece que tudo que podemos afirmar dos predicados, no plano sintático, se esgota nesta característica: "estático — dinâmico", "adjetivo — verbo".

Se, entretanto, nos voltarmos não para afirmações teóricas mas para as análises de textos, percebemos que um refinamento da tipologia predicativa é possível; ainda mais, que ele é sugerido por estas análises (sem que seja, no entanto, explicitamente formulado). Ilustraremos esta afirmação pela leitura de uma parte da análise à qual Propp submete os contos de fada russos.

Eis o resumo das primeiras funções narrativas analisadas por Propp:

1. Um dos membros de uma família está ausente do lar. 2. Im-

põe-se, ao herói, uma proibição. 3. A proibição é infringida. 4. O agressor procura informar-se. 5. O agressor recebe informações relativas a sua vítima. 6. O agressor tenta enganar sua vítima para apossar-se dela ou de seus bens. 7. A vítima cai na trama e, por isso, ajuda involuntariamente seu inimigo. 8. O agressor prejudica um dos membros da família ou causa uma perda. 9. Anuncia-se a infelicidade ou perda; um pedido ou uma ordem são dirigidos ao herói; envia-se ou deixa-se que parta. 10. O pedinte aceita reagir, ou se decide a isto. 11. O herói deixa a casa, etc. (pp. 36-48).

Como se sabe, o número total destas funções é 31 e, segundo Propp, cada uma delas é indivisível e incomparável às outras. Basta, entretanto, comparar duas a duas, as proposições citadas, para percebermos que os predicados possuem, freqüentemente, traços comuns e opostos, e que é, pois, possível destacar categorias subjacentes que definem a combinatória de que as funções de. Propp são o produto. Voltaremos, assim, contra Propp a acusação de que ele fazia a seu precursor Vesselovsky: a recusa de levar a análise até as menores unidades (esperando que estas se voltassem contra nós). Esta exigência não é nova; Lévi-Strauss já escrevia:

Não fica excluído que esta redução possa ser levada ainda mais longe e que, cada parte, tomada isoladamente, seja analisável em um pequeno número de funções recorrentes de modo que várias funções distinguidas por Propp constituiriam, na realidade, o grupo de transformações de uma só e mesma função (pp. 27-28).

Seguiremos esta sugestão na presente análise, mas veremos que a noção de transformação tomará aí um sentido bastante diferente.

A justaposição de (1) e (2) já nos mostra uma primeira diferença. (1) descreve uma ação simples e que realmente ocorreu; (2) entretanto, evoca duas ações simultaneamente. Se, no conto, se diz: "Não diga nada a Baba Yaga, se por acaso ela vier" (um exemplo de Propp), há, de um lado, a ação possível mas não real da informação de Baba Yaga; de outro, a ação atual de proibição. Dito de outra maneira, a ação de informar (ou dizer) não é apresentada no modo indicativo mas como uma obrigação negativa.

Se comparamos (1) e (3), uma outra diferença aparecerá. O fato de que um dos membros da família (o pai, a mãe) está ausente do lar é de natureza diferente do fato de que uma das crianças infrinja a proibição. O primeiro descreve um estado que dura um tempo indefinido, o segundo, uma ação puntual. Nos termos de Tomachevski, o primeiro é um motivo estático, o segundo, um motivo dinâmico: um constitui a situação, o outro a modifica.

Se agora compararmos 4 e 5, perceberemos uma outra possibilidade de levar a análise mais longe. Na primeira proposição, o agressor procura se informar, na segunda, ele se informa. O denominador comum das duas proposições é a ação de se informar, mas, no primeiro caso, ela é apresentada como uma intenção, no segundo, como coisa feita.

(6) e (7) apresentam o mesmo caso: de início, tenta-se enganar, em seguida, engana-se. Mas a situação aqui é mais complexa, pois, ao mesmo tempo que se passa da intenção à realização, desliza-se do ponto de vista do agressor ao da vítima. Outra ação pode ser representada em diferentes perspectivas: "o agressor engana" ou "a vítima cai na cilada", permanece sempre uma única ação.

(9) permite-nos uma outra especificação. Esta proposição não designa uma nova ação, mas sim o fato de que o herói toma consciência dela. (4) descreve, aliás, uma situação parecida: o agressor tenta se informar mais, se apreender, informar-se, saber; é uma ação de segundo grau, ela pressupõe uma outra ação (ou outro atributo) que apreendemos, precisamente.

Em (10) encontramos uma outra forma já observada: antes de deixar a casa, o herói decide deixá-la. Ainda uma vez, não podemos colocar a decisão no mesmo plano que a partida, pois uma pressupõe a outra. No primeiro caso, a ação é um desejo, ou uma obrigação, ou uma intenção; no segundo, ela realmente ocorreu. Propp acrescenta também que se trata do "começo da reação", mas "começar" não é uma ação totalmente à parte, é o aspecto (incoativo) de outra ação.

Não é necessário continuar a ilustrar o princípio que defendemos. Já pressentimos a possibilidade, a todo momento, de levar a análise mais longe. Notemos, entretanto, que esta crítica faz surgir diferentes aspectos da narrativa, dos quais só reteremos um. Não nos demoraremos mais na falta de distinção entre motivos estáticos e dinâmicos (adjetivos e verbos). Claude Bremond insistiu em outra categoria negligenciada por Propp (e por Dundes): não se deve confundir duas ações diferentes com duas perspectivas acerca da mesma ação. O *perspectivismo*, próprio à narrativa, não poderia ser "reduzido"; ele constitui, ao contrário, uma de suas características mais importantes. Ou, como escreve Bremond:

> A possibilidade e a obrigação de passar assim, por conversão de pontos de vista, da perspectiva de um agente à de um outro, são capitais... Implicam a recusa, no nível da análise em que trabalhamos, das noções de "herói", "vilão", etc., concebidas como insígnias distribuídas, uma vez por todas, às personagens. Seus parceiros se qualificam, na perspectiva, como aliados, adversários, etc. Estas qualificações invertem-se, quando

se passa de uma perspectiva a outra" (*La Logique des Possibles Narratifs*, p. 64).

E noutra parte:

> A mesma seqüência de acontecimentos admite estruturações diferentes, segundo sua construção em função dos interesses destes ou daqueles participantes (*Postérité Américaine de Propp*, p. 162).

Mas é outro ponto de vista que fixarei aqui. Propp recusa toda análise paradigmática da narrativa. Esta recusa é formulada explicitamente:

> Poderíamos esperar que a função A excluísse certas outras funções, pertencentes a outros contos. Poderíamos esperar obter várias bases, mas a base é a mesma para todos os contos de fadas (p. 32).

Ou ainda:

> Se lermos, em seqüência, todas as funções, veremos que uma função decorre de outra por uma necessidade lógica e artística. Veremos, efetivamente, que nenhuma função exclui a outra. Elas pertencem todas à mesma base e não a várias (p. 72).

É verdade que, no curso da análise, Propp se vê levado a contradizer seu próprio princípio, mas, apesar de algumas observações paradigmáticas "selvagens", sua análise permanece fundamentalmente sintagmática. Foi isto que provocou uma reação, igualmente inadmissível a nossos olhos, em certos comentadores de Propp (Lévi-Strauss e Greimas) que recusam toda pertinência à ordem sintagmática, à sucessão, e se fecham em um paradigmatismo igualmente exclusivo. Basta citar um frase de Lévi-Strauss:

> A ordem de sucessão cronológica se reabsorve em uma estrutura matricial atemporal" (p. 29),

ou de Greimas:

> A redução, tal como a operamos, exigiu uma interpretação paradigmática e acrônica das relações entre funções... Esta interpretação paradigmática, condição mesma da tomada da significação da narrativa em sua totalidade... etc. (p. 204).

Nós nos recusamos, de nossa parte, a escolher entre uma ou outra destas duas perspectivas; seria consternante privar a análise da narrativa do duplo benefício que podem lhe trazer tanto s estudos sintagmáticos de Propp quanto as análises paradigmáticas de um Lévi-Strauss.

No caso que nos interessa aqui, e para destacar a categoria de *transformação*, fundamental para a gramática narrativa, devemos combater a recusa de Propp a toda perspectiva paradigmática. Sem serem idênticos entre si, os predicados, que encontramos ao longo da cadeia sintagmática, são comparáveis e a análise em tudo a ganhar, colocando em evidência as relações que les mantêm.

Descrição

Observarei, inicialmente, por cuidado terminológico, que a palavra "transformação" aparece, em Propp, com o sentido de uma transformação semântica, não sintática; que reencontramos em Cl. Lévi-Strauss e A.-J. Greimas, em um sentido semelhante mas, como veremos, bem mais restrito; que reencontramos, enfim, na teoria lingüística atual, em um sentido técnico, que não é exatamente o nosso.

Diremos que duas proposições estão em relação de transformação, quando um predicado permanece idêntico, de ambos os lados. Ver-nos-emos logo obrigados a distinguir dois tipos de transformações. Chamemos o primeiro *transformações simples* (ou *especificações*): consistem em modificar (ou juntar) um certo operador que especifica o predicado. Os predicados de base podem ser considerados como sendo dotados de um operador zero. Este fenômeno lembra, na língua, o processo de auxiliarização, entendido em sentido lato; isto é, o caso em que um verbo acompanha o verbo principal, especificando-o ("X começa a trabalhar"). Não é preciso esquecer, entretanto, que nós nos colocamos na perspectiva de uma gramática lógica e universal, não no de uma língua particular; não pararemos, pois, no fato de que, em francês, por exemplo, este operador poderá ser designado por formas lingüísticas diversas: verbos auxiliares, advérbios, partículas, outros termos lexicais.

O segundo tipo será o das *transformações complexas* (ou *reações*) caracterizadas pelo aparecimento de um segundo predicado que se incrusta sobre o primeiro e não pode existir independentemente dele. Enquanto que, no caso das transformações simples, só há um predicado e, por conseguinte, um só sujeito, no das transformações complexas a presença de dois predicados permite a existência de um ou dois sujeitos. "X pensa que matou sua mãe" é, assim como "Y pensa que X matou sua mãe", uma transformação complexa da proposição "X matou sua mãe".

Notemos que a derivação descrita é puramente lógica, não psicológica: diremos que "X decide matar sua mãe" é a transformação de "X mata sua mãe", ainda que, psicologicamente a relação seja inversa. A "psicologia" intervém aqui como objeto de conhecimento, não como instrumento de trabalho: as transformações complexas designam, vê-se, operações psíquicas ou a relação entre um acontecimento e sua representação.

A transformação tem, aparentemente, dois limites. De um lado, não há *ainda* transformação se a mudança de operador não pode ser estabelecida com evidência. Por outro lado, não há *mais* transformação se, ao invés de dois "transformes" de um predicado, encontrarmos dois predicados autônomos. O caso mais próximo dos predicados transformados, e que devemos distinguir cuidadosamente, será o das ações que são *conseqüências* umas das outras (relação de implicação, de motivação, de pressuposição). Assim, para as proposições "X odeia sua mãe" e "X mata sua mãe" não há mais predicado comum e a relação entre os dois não é de transformação. Um caso ainda mais próximo, em aparência, é o das ações que se designam por verbos causativos: "X incita Y a matar sua mãe", "X faz com que Y mate sua mãe", etc. Ainda que esta frase evoque uma transformação complexa, estamos aqui em face de dois predicados independentes e de uma conseqüência; a confusão resulta de que a primeira ação é inteiramente escamoteada, só se tendo retido, dela, a finalidade (não é descrita como X "incita" ou "faz", etc.).

Para enumerar as diferentes espécies de transformações, adotarei uma dupla hipótese. Inicialmente, limitarei as ações consideradas àquelas que o léxico francês codifica, sob a forma de verbos à completiva. Por outro lado, na descrição de cada espécie, servir-me-ei de termos que coincidem freqüentemente com as categorias gramaticais. Estas duas suposições poderiam ser modificadas sem que a existência da transformação narrativa fosse, por isso, colocada em questão. — Os verbos agrupados no interior de um tipo de transformação são reunidos pela relação entre o predicado de base e o predicado transformado. Eles, entretanto, separam-se por pressuposições implicadas em seu sentido. Por exemplo, "X confirma que Y matou sua mãe" e "X revela que Y matou sua mãe" operam a mesma transformação de descrição, mas "confirmar" pressupõe que este fato já era conhecido, "revelar" pressupõe que X é o primeiro a afirmar.

1. Transformações Simples

1. *Transformações de modo*. A língua exprime estas trans-

formações, que concernem à possibilidade, à impossibilidade ou à necessidade de uma ação, através de verbos modais, como *dever, poder*, ou de um de seus substitutos. A interdição, muito freqüente na narrativa, é uma necessidade negativa. Um exemplo da ação será: "X deve cometer um crime".

2. *Transformações de intenção*. Neste caso, indicamos a intenção que tem o sujeito da proposição de realizar uma ação e não a própria ação. Este operador é formulado, na língua, por intermédio de verbos como *tentar, projetar, premeditar*. Exemplo: "X projeta cometer um crime".

3. *Transformações de resultado*. Enquanto no caso precedente a ação era vista em estado nascente, no presente tipo de transformações é vista como fórmula já realizada. Em francês, designamos esta ação por verbos como *conseguir, chegar a, obter*; nas línguas eslavas, é o aspecto perfectivo do verbo que denota o mesmo fenômeno. É interessante notar que as transformações de intenção e de resultado, precedendo e seguindo o mesmo predicado a operador zero, já foram descritas por Claude Bremond, sob o nome de "tríade", mas este autor as considera ações independentes, encadeadas casualmente e não como transformações. Nosso exemplo se torna: "X consegue cometer um crime".

4. *Transformações de maneira*. Todos os outros grupos de transformações deste primeiro tipo poderiam ser caracterizados como "transformações de maneira": especificamos como se desenvolve uma ação. Isolei, entretanto, dois subgrupos mais homogêneos, reunindo na presente rubrica fenômenos bastante variados. A língua designa esta transformação, principalmente, por advérbios, mas encontraremos, freqüentemente, verbos auxiliares na mesma função: assim, *apressar-se a, ousar, exceder-se em, obstinar-se*. Um grupo relativamente coerente será formado pelos índices de intensidade, uma forma deste se encontra no comparativo e superlativo. Nosso exemplo tornar-se-á: "X apressa-se a cometer um crime".

5. *Transformações de aspecto*. A.-J. Greimas já indicou a proximidade que há entre os advérbios de maneira e os aspectos do verbo. Em francês, o aspecto encontra sua expressão menos ambígua nos verbos auxiliares como *começar, estar fazendo, acabar* (incoativo, progressivo, terminativo). Relevemos a proximidade referencial entre os aspectos incoativo e terminativo, e as transformações de intenção e de resultado; mas a categorização dos fenômenos é diferente, estando aqui ausentes as idéias de finalidade e de vontade. Outros aspectos são o durativo, o pontual, o iterativo, o terminativo, etc. O exemplo torna-se: "X começa a cometer um crime".

6. *Transformações de estatuto*. Retomando o termo "estatuto" no sentido que lhe dava B. L. Whorf, pode-se designar assim a substituição da forma positiva de um predicado pela forma negativa ou pela forma oposta. Como se sabe, o francês exprime a negação por *ne...pas*, a oposição, por uma substituição lexical. Este grupo de transformações já fora assinalado, muito brevemente, por Propp; é ao mesmo tipo de operação que se refere, sobretudo Lévi-Strauss, falando de transformações ("poder-se-ia tratar a 'violação' como o inverso da 'proibição' e, esta, como uma transformação negativa de 'injunção'", p. 28); foi seguido nesta via por Greimas que se apóia sobre modelos lógicos descritos por Brøndal e Blanché. Nosso exemplo se torna: "X não comete um crime".

2. Transformações Complexas

1. *Transformações de aparência*. Voltamo-nos para o terceiro grande tipo de transformações, as que produzem não uma especificação do predicado inicial, mas a adjunção de uma ação derivada sobre a ação primeira. As transformações que denomino "aparência" indicam a substituição de um predicado por outro, sendo que este último pode passar para o primeiro, sem verdadeiramente sê-lo. Em francês, designa-se uma transformação semelhante pelos verbos *fingir, parecer, pretender, disfarçar*, etc.; estas ações repousam, vê-se, na distinção entre ser e parecer, ausente em certas culturas. Em todos esses casos, a ação do primeiro predicado não é realizada. Nosso exemplo será "X (ou Y) finge que X comete um crime".

2. *Transformações de conhecimento*. Em face destes engana-vistas, podemos conceber um tipo de transformações que, precisamente, descrevem a tomada de consciência concernente à ação denotada por um outro predicado. Verbos como: *observar, apreender, advinhar, saber, ignorar* descrevem as diferentes fases e modalidades do conhecimento. Propp já havia observado a autonomia destas ações (p. 80), mas sem lhe atribuir muita importância. Neste caso, o sujeito dos dois verbos é habitualmente diferente. Mas não é impossível conservar o mesmo sujeito: isto nos remete a estórias que relatam uma perda de memória, das ações conscientes, etc. Nosso exemplo se torna, portanto: "X (ou Y) fica sabendo que X cometeu um crime".

3. *Transformações de descrição*. Este grupo encontra-se, igualmente, em relação complementar às transformações de conhecimento; reúne as ações que são destinadas a provocar o conhecimento. Será, em francês, um subconjunto dos "verbos de discurso" que aparecerá mais freqüentemente nesta função: os

verbos de constatação, sendo que os verbos performativos significam ações autônomas. Assim, *contar, dizer, explicar*. O exemplo será, então: "X (ou Y) conta que X cometeu um crime".

4. *Transformações de suposição*. Um subconjunto dos verbos descritivos se refere a atos ainda não conhecidos: *prever, pressentir, suspeitar, esperar*; estamos aí em face da predição: em oposição às outras transformações, a ação designada pelo predicado principal situa-se no futuro, não no presente ou no passado. Notemos que transformações diversas podem denotar elementos de situação comuns. Por exemplo, as transformações de modo, de intenção, de aparência e de suposição, implicam todas que o acontecimento denotado pela proposição principal não tenha ocorrido, mas, a cada vez, uma diferente categoria é posta em jogo. O exemplo tornou-se aqui: "X (ou Y) pressente que X cometerá um crime".

5. *Transformações de subjetivação*. Aqui, passamos a outra esfera: enquanto as quatro transformações precedentes tratavam das relações entre discurso e objeto de discurso, conhecimento e objeto do conhecimento, as transformações seguintes se relacionam à atitude do sujeito da proposição. As transformações de subjetivação se referem a ações denotadas pelos verbos *crer, pensar, ter a impressão, considerar*, etc. Esta transformação não modifica verdadeiramente a proposição principal, mas a atribui, enquanto constatação, a um sujeito qualquer: "X (ou Y) pensa que X cometeu um crime". Notemos que a proposição de base pode ser verdadeira ou falsa: posso crer em algo que realmente não ocorreu. — Por aí, somos introduzidos na problemática do "narrador" e do "ponto de vista": enquanto que "X cometeu um crime" é uma proposição que não é apresentada em nome de nenhuma personagem particular (mas do autor — ou do leitor — onisciente), "X (ou Y) pensa que X cometeu um crime" é a marca deixada pelo mesmo acontecimento em um indivíduo.

6. *Transformações de atitude*. Refiro-me, com este termo, às descrições do estado provocado no sujeito pela ação principal, durante sua duração. Próximas das transformações de maneira, delas se distinguem, porque, neste caso, a informação suplementar concerne ao sujeito, naquele, ao predicado: trata-se, pois, no presente caso, de um novo predicado e não de um operador que especifica o primeiro. É isto que exprimem verbos como *comprazer-se, repugnar, zombar*. Nosso exemplo torna-se: "X se compraz em cometer um crime" ou "A Y repugna que X cometa um crime". As transformações de atitude, como as de conhecimento ou de subjetivação são particularmente freqüentes no que se convencionou chamar o "romanece psicológico".

Três observações, antes de concluir esta enumeração sucinta.

1. É extremamente freqüente observar que conjunções de várias transformações são designadas por uma só palavra no léxico de uma língua; não devemos concluir, daí, pela indivisibilidade da própria operação. Por exemplo, as ações de *condenar* ou de *felicitar*, etc. se deixam decompor em um julgamento de valor e em um ato de fala (transformações de atitude e de descrição).

2. É-nos, entretanto, impossível, por enquanto, fundamentar a existência destas transformações e a ausência de qualquer outra; isto nem mesmo é desejável, provavelmente, antes que as observações mais numerosas não venham se acumular. As categorias de verdade, de conhecimento, de enunciação, de futuro, de subjetividade e de julgamento, que permitem delimitar os grupos de transformações complexas, não são, certamente, independentes das outras; restrições suplementares regem, sem dúvida, o funcionamento dos transformes: aqui só podemos assinalar a existência destas direções de pesquisa e desejar que elas sejam seguidas.

3. Um problema metodológico de primeira importância e que deixamos, deliberadamente, de lado, é o da passagem entre o texto observado e nossos termos descritivos. Este problema é particularmente atual na análise literária, onde a substituição de uma parte do texto presente por um termo que aí não figure tem sempre feito invocar o sacrilégio. A clivagem parece aqui se esboçar entre duas tendências da análise da narrativa: uma, análise proposicional ou sêmica, elabora suas unidades; a outra, análise léxica, as encontra tais quais no texto. Ainda aqui, somente as pesquisas ulteriores provarão a maior utilidade de uma ou outra via.

Aplicação

A aplicação da noção de transformação, na descrição dos predicados narrativos, parece-me não necessitar de comentários. Uma outra aplicação evidente é a possibilidade de caracterizar textos pela predominância quantitativa ou qualitativa de um ou outro tipo de transformação. Constantemente, reprovamos à análise da narrativa o fato ser incapaz de dar conta da complexidade dos textos literários. Ora, a noção de transformação permite, ao mesmo tempo, superar esta objeção e colocar as bases de uma tipologia dos textos. Tentei mostrar, por exemplo, que *A Demanda do Graal* se caracterizava pelo papel que aí desempenham dois tipos de transformação: de um lado, todos os acontecimentos são anunciados de antemão; de outro, uma vez acontecidos, recebem uma interpretação nova, num código simbólico particular. Em um outro exemplo, as novelas de Henry James, tentei indicar o lugar das transformações de conhecimento: dominam e determinam o desenvolvimento linear da narrativa. Falando de tipologia, devemos, evidentemente, levar com conta o fato de que uma tipologia dos textos só poderia ser pluridimensional, e que as transformações correspondem a uma só dimensão.

Podemos tomar, como outro exemplo de aplicação, um problema da teoria da narrativa, que já foi discutido anteriormente: o da definição da seqüência narrativa. A noção de transformação permite aclarar, ou mesmo resolver, este problema.

Vários representantes do Formalismo tentaram dar uma definição de seqüência. Chklóvski se ocupa disso em seu estudo sobre *La construction du conte et du roman*. Afirma, inicialmente, a existência, em cada um de nós, de uma faculdade de julgamento (diríamos hoje: de uma competência) que nos permite decidir se uma seqüência narrativa é completa ou não.

> Não basta uma simples imagem, um simples paralelo, nem mesmo a simples descrição de um acontecimento, para que tenhamos a impressão de nos encontrarmos diante de um conto (*TL*, p. 170). (...) É claro que os extratos citados não são contos; esta impressão não depende de suas dimensões (p. 175). (...) Temos a impressão de que o conto não está terminado (p. 176), etc.

Esta "impressão" é, pois, inconstestável, mas Chklóvski não chega a explicitá-la e declara, prematuramente, sua derrota:

> Não posso ainda dizer que qualidade deve caracterizar o motivo, nem como os motivos devem-se combinar a fim de que se obtenha um sujeito (p. 170).

Se, entretanto, retomarmos as análises particulares, que ele fez após estas declarações, veremos que a solução, ainda que não formulada, já está presente em seu texto.

Com efeito, após cada exemplo analisado, Chklóvski formula a regra que lhe parece funcionar no caso preciso. Assim:

> O conto exige não só a ação mas também a reação, exige uma falta de coincidência (p. 172).
> O motivo da falsa impossibilidade se funda também numa contradição. Em uma predição, por exemplo, esta contradição se estabelece entre as intenções das personagens que procuram evitar a predição e o fato de que ela se realize (o motivo de Édipo) (pp. 172-173).
> Apresentam-nos, de início, uma situação sem saída, em seguida, uma solução espiritual. Os contos, em que se põe e se decifra um enigma, prendem-se ao mesmo caso... Este gênero de motivos implica a seguinte

sucessão: o inocente é suscetível de ser acusado, acusam-no, e enfim absolvem-no (p. 173).

Este caráter acabado vem do fato de que, após havermo-nos enganado por um falso reconhecimento, revelam-nos a verdadeira situação. Assim, a fórmula é respeitada (p. 175).

Este novo motivo se inscreve no paralelo da narrativa precedente, graças ao que a novela parece acabada (p. 177).

Podemos resumir estes seis casos particulares, analisados por Chklóvski, da seguinte maneira: a seqüência acabada e completa exige a existência de dois elementos; pode-se transcrevê-los como se segue:

1. relações de personagens — relações, de personagens, invertidas
2. predição — realização da predição
3. enigma colocado — enigma resolvido
4. falsa acusação — acusação afastada
5. apresentação deformada dos fatos — apresentação correta dos fatos
6. motivo — motivo paralelo

Vemos, agora, qual é a noção que teria permitido a Chklóvski unificar estes seis casos particulares em uma "fórmula": é precisamente a transformação. A seqüência implica a existência de duas situações distintas, das quais cada uma se deixa descrever com a ajuda de um pequeno número de proposições; entre, ao menos, uma proposição de cada situação deve existir uma relação de transformação. Podemos, com efeito, reconhecer os grupos de transformações destacadas anteriormente. No caso (1) trata-se de uma transformação de estatuto: positivo-negativo; em (2), de uma transformação de suposição: predição-realização; em (3), (4), (5), de uma transformação de conhecimento: a ignorância ou erro são substituídos pelo saber correto; em (6), enfim, lidamos com uma transformação de maneira: mais ou menos forte. Acrescentemos que existem, também, narrativas de transformação zero: aquelas em que o esforço para modificar a situação precedente fracassa (sua presença é, entretanto, necessária para que se possa falar de seqüência e de narrativa).

Esta fórmula é, evidentemente, muito geral: sua utilidade é colocar um quadro para o estudo de toda narrativa. Permite unificar as narrativas, não permite distingui-las; para proceder a esta última tarefa, deve-se repertoriar os diferentes meios de que dispõe a narrativa para nuançar esta fórmula. Sem entrar em detalhes, digamos que esta especificação se opera de duas maneiras: por adição e por subdivisão. No plano funcional, esta mesma oposição corresponde às proposições *facultativas* e *alternativas*: no primeiro caso, a proposição aparece ou não; no segundo, ao menos uma das proposições alternativas deve-se encontrar, obrigatoriamente, na seqüência (cf. *Gramática do Decameron*, p. 60 e s.). Evidentemente, a própria natureza da transformação já especifica o tipo de seqüência.

Poder-se-ia perguntar, enfim, se a noção de transformação é um puro artifício descritivo ou se nos permite, de uma maneira mais essencial, compreender a própria natureza da narrativa. Eu penderei para a segunda resposta; eis por quê. A narrativa se constitui na tensão de duas categorias formais, a diferença e a semelhança; a presença exclusiva, de uma dentre elas, nos leva a um tipo de discurso que não a narrativa. Se os predicados não mudam, estamos aquém da narrativa, na imobilidade do psitacismo; mas se eles não se assemelham, encontramo-nos além da narrativa, numa reportagem ideal, totalmente forjada de diferenças. A simples relação de fatos sucessivos não constitui uma narrativa: é preciso que estes fatos estejam organizados, isto é, ao final das contas, que eles tenham elementos comuns. Mas se todos os elementos são comuns, não há mais narrativa, pois não há mais nada a contar. Ora, a transformação representa, justamente, uma síntese de diferença e semelhança; ela reúne dois fatos, sem que estes possam se identificar. Mais do que uma "unidade de duas faces", ela é uma operação de duplo sentido: afirma, ao mesmo tempo, a semelhança e a diferença; engrena o tempo e o suspende, em um só movimento; permite, ao discurso, adquirir um sentido sem que este se torne pura informação; em uma palavra: torna possível a narrativa e nos oferta sua própria definição.

Obras Citadas

BARTHES, R. Introduction à l'Analyse Structurale des Récits. *Communications* 8, 1966.
BREMOND, C. La Logique des Possibles Narratifs. *Communications* 8, 1966.
BREMOND, C. Posterité Américaine de Propp. *Communications* 11, 1968.
GREIMAS, A.-J. *Sémantique Structurale*. Paris, Larousse, 1966.
LÉVI-STRAUSS, Cl. La Structure de la Forme. In: *Cahiers de l'Institut de Science Économique Appliquée* 99, 1960 (série M, n.º 7).
PROPP, V. *Morfologija skazki*. Leningrado, 1928 (ver a tradução francesa, Seuil, 1970).
Théorie de la Littérature, Textes des Formalistes Russes. Paris, Seuil, 1966.
TODOROV, T. *Gramática do Decameron*, São Paulo, Perspectiva, 1982.
TODOROV, T. La Quête du Récit. *Critique* 25(1969):262.
TODOROV, T. Les Nouvelles de Henry James. In: JAMES, H. *Tales/Nouvelles*. Paris, Aubier – Flammarion, 1969.

APÊNDICE: AS DUAS LÓGICAS DA NARRATIVA

Uma vez que trataremos da narrativa, começarei contando uma estória.

Ricardo Minutolo está apaixonado por Catella, a mulher de Felipe. Mas esta não lhe corresponde, apesar de todos os seus esforços. Um dia, ele fica sabendo que Catella está com muito ciúme de seu marido e decide aproveitar-se desta fraqueza. Demonstra, publicamente, desinteresse por Catella; ao encontrá-la, um dia, confirma-lho, pessoalmente, e lhe fala, ao mesmo tempo, das tentativas que Felipe teria feito em relação a sua mulher. Catella fica furiosa e quer saber tudo. Nada mais fácil, responde Ricardo, Felipe marcou um encontro com sua mulher, para o dia seguinte, em uma estalagem de banho, nas redondezas; Catella só tem que ir em seu lugar e ficará persuadida, por si mesma, da perfídia do marido. É o que ela faz, mas, em vez do marido, ela se depara com Ricardo, sem no entanto reconhecê-lo, uma vez que o local do encontro está mergulhado numa obscuridade total. Catella se presta ao desejo daquele que ela acredita ser seu marido, mas logo depois começa a injuriá-lo, revelando-lhe que não é a mulher de Ricardo, mas sim Catella. É então que Ricardo lhe revela também que ele não é Felipe. Catella fica desesperada, mas Ricardo lhe demonstra que o escândalo não serviria a ninguém e que, por outro lado, "os beijos do amante têm mais sabor que os do marido".

Tudo acaba bem e Boccaccio acrescenta que este conto foi acolhido "por um concerto de louvores", por ocasião de sua primeira narração (*Decameron*, III,6).

Eis-nos diante de uma série de frases que todo mundo concordaria em reconhecer como uma narrativa. Mas o que *faz* a narrativa? Voltemos ao começo da estória. Boccaccio descreve, inicialmente, Nápoles, o lugar da ação; em seguida, apresenta três protagonistas, depois fala do amor que Ricardo nutre por Catella. É uma narrativa? Creio que, ainda uma vez, estaremos de acordo em responder: não. Não são as dimensões do texto que decidem; estas só ocupam dois parágrafos em Boccaccio, mas nós sentimos que, mesmo que fosse cinco vezes mais longo, as coisas não teriam mudado. Em compensação, quando Boccaccio diz: "Este era seu estado d'alma quando..." (e, em francês, passamos aqui do imperfeito para o passado simples), a narrativa está engrenada. A explicação parece simples: assistimos, no início, à descrição de um estado; ora, a narrativa não se contenta com isto, ela exige o desenrolar de uma ação, ou seja, a mudança, a diferença.

Toda mudança constitui, com efeito, um novo elo da narrativa. Ricardo fica sabendo do ciúme extremo de Catella — o que lhe permite conceber seu plano — em seqüência do que, ele pode pô-lo em prática — Catella reage da maneira desejada — o encontro se dá — Catella revela sua verdadeira identidade — Ricardo revela a sua — os dois descobrem a felicidade juntos. Cada uma das ações, assim isoladas, segue a precedente e, na maior parte do tempo, entra em uma relação de causalidade com ela. O ciúme de Catella é uma *condição* do plano que será concebido; o plano tem como *conseqüência* o encontro; a censura pública é *implicada* pelo adultério, etc.

Descrição e narrativa pressupõem, ambas, a temporalidade, mas de natureza diferente. A descrição inicial se situava no tempo, mas este tempo era contínuo, enquanto que as mudanças, próprias à narrativa, recortam o tempo em unidades descontínuas; o tempo-puro duração se opõe ao tempo de acontecimento. Só a descrição não basta para fazer uma narrativa, mas a narrativa, sozinha, não exclui a descrição (isto é, textos que só contêm descrições) poder-se-ia usar aquele, pouco usado em francês, que é *ficção*. A vantagem seria dupla: inicialmente, porque a ficção inclui narrativa *e* descrição; depois, porque evoca o uso transitivo e referencial que se faz das palavras em um e outro casos (e um Raymond Roussel, que faz nascer a narrativa a partir da distância que há entre dois sentidos de uma mesma palavra, não nos dá um contra-exemplo), em oposição ao uso intransitivo, literal, que é fato de linguagem em poesia.

Esta maneira de ver a narrativa, como o encadeamento cronológico e, às vezes, causal, de unidades descontínuas, não é nova, evidentemente; hoje, conhecemos bem o trabalho de Propp, sobre os contos de fada russos, que chega a uma apresentação semelhante. Propp, lembremo-nos, chama *função* cada uma das ações assim isoladas, quando esta é vista na perspectiva de sua utilidade para o conjunto do conto; e ele postula que só existem trinta e uma variedades de funções para todos os contos de fada russos.

> Se lemos, umas atrás das outras, todas as funções, vemos que uma função decorre da outra por uma necessidade lógica e artística. Vemos que nenhuma função exclui outra. Pertencem todas à mesma base e não a várias.

As funções se seguem, não se parecem.

Propp analisa assim, integralmente, um conto intitulado *Os Gansos* e seria interessante relembrar aqui esta análise. É a estória de uma menininha que se esquece de zelar pelo irmão, e os gansos o raptam. A menininha parte a sua procura e, judiciosamente aconselhada por um ouriço, consegue encontrá-lo. Ela o traz, os gansos se põem a persegui-la, mas ajudada pelo rio, pela macieira e pelo aquecedor, consegue voltar para casa sã e salva, com o irmão. Propp identifica 27 elementos nesta narrativa, entre os quais, 18 funções (os outros elementos são descrições, transições, etc.), sendo que todos fazem parte da lista canônica dos 31. Cada uma destas funções está situada no mesmo nível, cada uma delas é absolutamente diferente das outras, e a única relação que elas mantêm é a da sucessão.

Podemos interrogar-nos sobre a justeza desta análise, ou, mais exatamente, perguntar se Propp não confundiu necessidade genérica (e empírica) e necessidade teórica. Todas as funções são, talvez, igualmente necessárias ao conto de fada russo; mas o seriam pelas mesmas razões? Procedamos a uma experiência. Ao relatar o conto, omiti algumas das funções iniciais: por exemplo, que os pais haviam proibido a menina de se distanciar de casa; que esta preferiu ir brincar; etc. O conto não deixaria de ser uma narrativa, fundamentalmente idêntico a si mesmo. Em compensação, se eu não tivesse dito que uma menina e um menino moravam tranqüilos em sua casa, ou que os gansos haviam raptado o menino, ou que a menina partiu a sua procura, etc., o conto não existiria mais, ou então seria outro conto. Por conseguinte, todas as funções não são necessárias à narrativa da mesma maneira; devemos aqui introduzir uma ordem hierárquica.

Analisando assim *Os Gansos*, chegaremos ao seguinte resultado: este conto comporta cinco elementos obrigatórios: — 1. A situação de equilíbrio do início. 2. A degradação da situação pelo rapto da criança. 3. O estado de desequilíbrio constatado pela menininha. 4. A busca e o encontro do menino. 5. O reestabelecimento do equilíbrio inicial, a reintegração à casa paterna. Nenhuma destas cinco ações poderia ser omitida sem que o conto perdesse sua identidade. Podemos, evidentemente, imaginar um conto que omita os dois primeiros elementos, e comece por uma situação já deficiente, ou que omita os dois últimos, terminando mal. Mas percebemos sem dúvida que seriam dois hemiciclos, enquanto que, aqui, dispomos do ciclo completo. Pesquisas teóricas mostraram — e estudos empíricos confirmaram — que este ciclo participa da própria definição da narrativa: não podemos imaginar uma narrativa que não contenha ao menos uma parte dele.

As outras ações, isoladas por Propp, não têm todas o mesmo estatuto. Algumas, dentre elas, são facultativas; são juntadas ao esquema fundamental. Por exemplo, a ausência da menininha no momento do rapto podia ser ou não motivada. Outras são alternativas: ao menos uma deve aparecer no conto; trata-se de uma concretização da ação prescrita pelo esquema. Por exemplo, a menininha reencontra o irmão — mas, como? — graças à intervenção de um auxiliar. Ela teria podido encontrá-lo graças à rapidez de suas pernas, ou ao seu poder de advinhação, etc. Sabemos que Claude Bremond se propôs, como tarefa, descrever todas as alternativas possíveis de que dispõe a narrativa.

Mas se hierarquizarmos, desta maneira, as ações elementares, perceberemos que novas relações se estabelecem entre elas: não podemos mais nos contentar com a consecução ou a conseqüência. É evidente que o primeiro elemento repete o quinto (o estado de equilíbrio); e que o terceiro é a inversão daquele. Além disso, o segundo e o quarto são simétricos e inversos: o menino é raptado de sua casa ou é levado para ela. Não é, pois, verdade que a única relação entre as unidades é a de *sucessão;* podemos dizer que estas unidades devem encontrar-se também em uma relação de *transformação*. Eis-nos diante das duas lógicas da narrativa.

Poderia uma narrativa existir sem a segunda lógica, a das transformações? Ao discutir os problemas de definição e de denominação, é preciso estar consciente de uma certa arbitrariedade que acompanha necessariamente tais gestos. Estamos diante de um *continuum* de fatos e de relações; fazemos, em seguida, passar um limite em algum lugar, chamando, tudo o que está aquém dele, de narrativa, e de não-narrativa tudo o que está além. Mas as palavras da língua, da qual nos servimos, revelam nuanças diferentes para este ou aquele sujeito falante. Há pouco, fiz oposição entre narrativa e descrição, pelos dois tipos de temporalidade que manifestam, mas outros chamariam "narrativa" um livro como *No Labirinto* de Robbe-Grillet que, no entanto, suspende o tempo narrativo e apresenta como simultâneas as variações no comportamento das personagens. O mesmo acontece com a presença ou ausência de relações de transformação entre as ações individuais. Podemos construir, artificialmente, uma narração que seja desprovida delas; é possível, mesmo, encontrar exemplos reais da pura lógica da sucessão, em certas crônicas medievais. Mas estaremos, penso, facilmente de acordo que, nem as crônicas, nem o romance de Robbe-Grillet são representantes típicos da narrativa. Direi ainda mais: trazer à luz a diferença entre narrativa e descrição, ou lógica da sucessão — lógica da transformação, — permite-nos compreender por que percebemos estas narrativas como, em certo sentido da palavra, marginais. Habitualmente, mesmo a narrativa mais simples, o menos elaborada possível, participa simultaneamente das duas lógicas; testemunha (anedótica) é este título de um *western* italiano recente, *Eu Vou, Atiro, Volto*: atrás da aparente pureza da sucessão se dissimula uma relação de transformação entre "ir" e "voltar"!

Qual é a natureza destas transformações? A que observamos até agora consistia na mudança de um termo em seu contrário ou seu contraditório: chamemo-lo, para simplificar, *a negação*. Lévi-Strauss e Greimas insistiram bastante nesta transformação, estudando suas variedades particulares, até o ponto de fazer crer que era a única possível. É verdade que esta transformação goza de um estatuto particular; isto se deve, sem dúvida, ao lugar singular que a negação já ocupa em nosso sistema de pensamento. A passagem de A a não-A, de certa maneira, é o paradigma de toda mudança. Mas este estatuto excepcional não deve, de qualquer forma, ir até o ponto de ocultar a existência de outras transformações — e veremos que elas são numerosas. No conto analisado por Propp, podemos notar, por exemplo, uma transformação de modo: a interdição — isto é, uma obrigação negativa — imposta à menininha pelos pais, de deixar, mesmo que por um instante, o irmão. Ou ainda, uma transformação de intenção: a menininha decide sair à procura do irmão e, em seguida, ela parte efetivamente; de uma a outra, a relação é a da intenção à realização.

Se voltamos, agora, ao nosso conto do *Decameron*, podemos aí observar as mesmas relações. Ricardo é infeliz no início, feliz no fim: eis a negação. Deseja possuir Catella, depois a possui: eis a transformação de modo. Mas outras relações parecem desempenhar aqui um papel mais importante. Uma só e mesma ação é apresentada três vezes: há, de início, o projeto de Ricardo de atrair Catella à casa de banho; em seguida, vem a percepção errônea, desta cena, por Catella, que acredita encontrar aí o marido; enfim, a verdadeira situação é revelada. A relação entre a primeira e a terceira proposição é a do projeto à sua realização; na relação entre a segunda e a terceira, a percepção errônea do acontecimento e sua percepção justa se opõem. É esta fraude que constitui, evidentemente, a mola da narrativa boccacciana. Uma diferença qualitativa separa o primeiro tipo de transformação do segundo. Tratava-se, no primeiro caso, da modificação trazida a um predicado de base: era tomado em sua forma positiva ou negativa, modalizada ou não. Aqui, o predicado inicial se encontra acompanhado de um segundo predicado, como "projetar" ou "saber" que, paradoxalmente, designa uma ação autônoma mas que, ao mesmo tempo, nunca pode aparecer sozinho: projeta-se sempre uma *outra* ação. Vemos aqui se esboçar uma oposição entre dois tipos de organização da narrativa: de um lado, aquele em que se combinam a lógica da sucessão e as transformações do primeiro tipo; serão as narrativas, de alguma forma, mais simples, e gostaria de reservar a este tipo de organização o nome de *mitológica*. De outro, o tipo de narrativa em que a lógica de sucessão é secundada pelo segundo gênero de transformações, narrativas em que a importância do acontecimento é menor que a da percepção que temos dele, menor que o grau de conhecimento que nos é dado: o que me faz propor o nome *gnosiológico* para este segundo tipo de organização narrativa.

É evidente que uma oposição deste gênero não visa chegar à distribuição de todas as narrativas do mundo em duas pilhas: aqui, as mitológicas, ali, as gnosiológicas. Como em todo estudo tipológico, procuramos sobretudo pôr em evidência as categorias abstratas que permitem dar conta das diferenças reais entre esta e aquela narrativa. Não que uma narrativa deva possuir exclusivamente um tipo de transformações e não outro. Se voltarmos agora ao conto *Os Gansos*, observaremos aí, igualmente, traços de organização gnosiológica. Por exemplo, o rapto do irmão se deu na ausência da menininha; em princípio, esta ignora quem é o responsável, e haveria lugar, aqui, para uma pesquisa de conhecimento. Mas o conto diz simplesmente: "A jovem adivinhou que eles haviam levado seu irmãozinho", sem se demorar sobre este processo. Em compensação, o conto de Boccaccio repousa inteiramente na ignorância seguida de reconhecimento. Quando se quer ligar uma narrativa particular a um tipo de organização narrativa, deve-se procurar a predominância, qualitativa ou quantitativa, de certas transformações, não sua presença exclusiva.

Observemos, agora, de mais perto, a narrativa de organização gnosiológica. Uma obra como *A Demanda do Graal* faz, habitualmente, preceder as seqüências, referindo os acontecimentos materiais por outros; ou o mesmo acontecimento é evocado sob forma de predição. Estas transformações de suposição têm uma particularidade: sempre se realizam e são percebidas pelas personagens como um imperativo moral. Assim, o desfecho da intriga é contado, desde as primeiras páginas, pela tia de Parsifal:

> Pois, sabemos bem, neste e em outros países, que, no fim, três cavaleiros terão, mais que todos os outros, a glória da Demanda: dois serão virgens e o terceiro, casto. Dos dois virgens, um será o cavaleiro que vós procurais, e vós, o outro; o terceiro será Bohort de Gaunes. Estes três acabarão a Demanda.

Ou ainda, a irmã de Parsifal, que prevê onde hão de morrer o irmão e Galaad:

> Pela minha honra, peço que me enterrem no Palácio Espiritual. Vós sabeis por que eu vô-lo peço? Porque Parsifal aí repousará, e vós ao lado dele.

De forma geral, em toda a segunda parte do livro, as ações futuras são, inicialmente, anunciadas pela irmã de Parsifal, sob a mesma forma de predições imperativas.

Estas transformações de suposição, que precedem o acontecimento, são completadas por outras, de que a gente só se lembra quando o acontecimento já se deu. Os azares do caminho levam Galaad a um mosteiro; a aventura do escudo é introduzida, mas, justo no momento em que termina, um cavaleiro celeste aparece e declara que tudo fora anteriormente previsto.

> Eis, pois, o que vós fareis, diz Josefa. Aqui, onde será enterrado Mascien, colocai o escudo. É aqui que virá Galaad, cinco dias após ter recebido a ordem da cavalaria. — Tudo se cumpriu como havia anunciado,

pois, no quinto dia, vós chegastes a este convento em que jaz o corpo de Nascien.

O mesmo acontece com Gauvain: ele recebe, de Galaad, um rude golpe de espada e se lembra imediatamente:

> Eis aqui provada a palavra que ouvi no dia de Pentecostes, à propósito da espada na qual coloquei a mão. Foi-me anunciado que, dentro de algum tempo, eu receberia um golpe terrível, e é a mesma espada com a qual este cavaleiro acaba de me ferir. A coisa adveio tal qual me foi predita.

Porém, mais do que por esta transformação particular de suposição que é a "anunciação", a *Demanda do Graal* se caracteriza por uma outra transformação, esta de conhecimento, que consiste em uma reinterpretação dos acontecimentos já advindos. Em geral, todos os gestos realizados sobre a terra recebem, da parte dos probos e dos eremitas, uma interpretação de ordem celestial; freqüentemente, se juntam revelações puramente terrestres. Assim, quando lemos o início da *Demanda*, acreditamos que compreendemos tudo: eis os nobres cavaleiros que decidem partir à demanda, etc. Mas a narrativa nos ensina, pouco a pouco, um outro sentido destas mesmas cenas: este Lancelote que acreditávamos forte e perfeito é um pecador incorrigível, vive no adultério com a rainha Guenièvre. Monsenhor Gauvain, que foi o primeiro a fazer o voto de partir na demanda, não a terminará jamais, pois seu coração é duro e ele não pensa nunca em Deus. Os cavaleiros, que admirávamos no início, são pecadores inveterados que serão punidos: há muitos anos não se confessam. Os acontecimentos do início são evocados de novo, mas, desta vez, estamos na verdade e não na aparência enganosa.

O interesse do leitor, aqui, não vem da questão: O que acontece depois que nos reenvia à lógica da sucessão ou à narrativa mitológica? Sabemos bem, e desde o início, o que acontecerá, quem atingirá o Graal, quem será punido e por quê. O interesse nasce de uma questão totalmente diferente, que remete à organização gnosiológica, e que é: o que é o Graal? Esta narrativa conta, como tantas outras, uma busca; o que procuramos, entretanto, não é um objeto mas um sentido: o da palavra Graal. E uma vez que a questão incide mais sobre o ser que sobre o fazer, a exploração do futuro empalidecer-se-á diante da do passado. Ao longo da narrativa, nos interrogaremos sobre a significação do Graal; a narrativa principal é uma narrativa de conhecimento; idealmente, não para sempre.

A pesquisa de conhecimento domina também um outro tipo de narrativa que teríamos talvez certo escrúpulo em aproximar da *Demanda do Santo Graal*: é o romance policial de mistério. Sabemos que este se constitui na tensão de duas estórias: a estória do crime, ausente; e a estória do inquérito, presente, cuja única justificação é a de fazer-nos descobrir a primeira estória. Um elemento desta nos é contado, de fato, desde o início: um crime é cometido quase sob nossos olhos, mas nós não conhecemos os verdadeiros agentes nem os verdadeiros móveis dele. O inquérito consiste em voltar, sem cessar, aos mesmos acontecimentos, em verificar e corrigir os menores detalhes, até que, no fim, apareça a verdade sobre esta mesma estória inicial; é uma narrativa de aprendizagem. Mas, diferentemente do *Graal*, o conhecimento, aqui, se caracteriza por possuir somente dois valores: verdadeiro ou falso. Sabemos ou não quem matou; enquanto que a busca do sentido, no *Graal*, conhece infinitos graus intermediários e, mesmo no fim, não podemos estar seguros que ela tenha terminado.

Se tomarmos, agora, como terceiro exemplo, um conto de Henry James, veremos que a pesquisa gnoseológica ainda pode tomar formas diferentes. Como no romance policial, procuramos aqui a verdade sobre um acontecimento material, não sobre uma entidade abstrata, mas, como na *Demanda do Graal*, ao fim do livro, não estamos certos de possuir *a* verdade: passamos, de preferência, de uma primeira ignorância para uma ignorância menor. *Na Cabine* conta, por exemplo, a experiência de uma jovem telegrafista cuja atenção está concentrada sobre duas personagens que ela pouco conhece, o Capitão Everard e Lady Bradeen. Ela lê os telegramas que estas personagens enviam, ouve pedaços de frases, mas, apesar de sua aptidão para imaginar elementos ausentes, não chega a reconstituir o retrato fiel dos dois desconhecidos. Aliás, o encontro pessoal que ela tem com o capitão não melhora as coisas; pode ver como ele é feio, fisicamente, observar seus gestos, ouvir sua voz, mas sua "essência" continua igualmente inatingível, se não mais do que quando os separava a gaiola de vidro. Os sentidos só retêm as aparências, a verdade lhes é inacessível.

A compreensão se torna particularmente difícil pelo fato de que a telegrafista finge saber bem mais do que sabe, quando, em certas circunstâncias, ela pode interrogar pessoas intermediárias. Assim, encontrando-se com uma amiga, Mrs. Jordan, esta lhe pergunta:

> Como, você não sabe do escândalo?... Ela (a telegrafista), num instante, firma posição na seguinte observação: Oh! não houve nada de público...

James sempre se recusará a nomear diretamente a "verdade" ou a "essência"; esta só existe sob a forma de múltiplas aparências. Tal tomada de posição afetará profundamente a organização de suas obras e chamará sua atenção para as técnicas do "ponto de vista", para o que ele mesmo chama "that magnificent and masterly indirectness": *Na Cabine* nos apresenta a percepção da telegrafista, incidindo sobre as de Mrs. Jordan que, ela própria, conta o que tirou de seu noivo, Mr. Drake, que, por sua vez, só conhece de longe o Capitão Everard e Lady Bradeen!

Ainda uma vez, o processo de conhecimento é *dominante* no conto de James; ele não comparece aí com exclusão de qualquer outro. *Na Cabine* se submete também à organização mitológica: o equilíbrio primeiro da telegrafista é perturbado pelo encontro com o capitão; no fim da narrativa, entretanto, ela voltará a seu projeto inicial, que era o de esposar Mr. Mudge. Por outro lado, junto às transformações de conhecimento propriamente ditas, existem outras que possuem as mesmas propriedades formais sem incidir sobre o mesmo processo (o termo "gnosiológico" já não é apropriado aqui); assim, em particular, o que poder-se-ia chamar a "subjetivação", a reação ou a tomada de posição pessoal diante de um acontecimento. *Em Busca do Tempo Perdido* desenvolverá esta última transformação até a hipertrofia: o menor incidente da vida, como o grão de areia, em torno do qual cresce a pérola, servirá de pretexto a longas descrições sobre a maneira como o acontecimento é vivido por esta ou aquela personagem.

É preciso distinguir, aqui, duas maneiras de julgar as transformações: segundo sua potência *formadora* ou segundo sua potência *evocadora*. Entendo por potência formadora a aptidão de uma transformação em formar, por si só, uma seqüência narrativa. Imaginamos dificilmente (ainda que não seja impossível) uma narrativa que só comportasse transformações de subjetivação, que se reduzisse, dito de outra forma, à descrição de um acontecimento e das reações que ele suscita nas diferentes personagens. Mesmo o romance de Proust comporta elementos de uma narrativa mitológica: a incapacidade do narrador escrever será superada; o lado de Swann e o lado dos Germantes, de início separados, se reunirão pelo casamento de Gilberte com Saint-Loup, etc. A negação é, com toda evidência, uma transformação de grande potência formadora, mas o par ignorância (ou erro)—conhecimento serve também, muito freqüentemente, para enquadrar narrativas. Os outros processos da narrativa mitológica parecem menos aptos (ao menos em nossa cultura) para formar seqüências a partir de si mesmos. Uma narrativa que só comportasse transformações modais pareceria, de preferência, um livro didático e moral, onde as seqüências seriam do tipo: "X deve-se comportar como um bom cristão — X comporta-se como um bom cristão". Uma narrativa que fosse formada de transformações de intenção, somente, aparentar-se-ia a certas passagens de *Robinson Crusoe*: Robinson decide construir uma casa para si — ele constrói uma casa para si; Robinson decide cercar seu jardim — ele cerca seu jardim, etc.

Mas esta potência formadora (ou, se preferimos, sintática) de certas transformações não deve ser confundida com o que apreciamos particularmente em uma narrativa, ou aquilo de que o sentido é mais rico, ou o que permite distinguir, com precisão, uma narrativa de outra. Recordo-me que uma das cenas mais apaixonantes de um recente filme de espionagem, *The Ipcress File*, consistia em nos mostrar o herói principal preparando uma omelete. Naturalmente, a importância narrativa do episódio era nula (ele poderia ter comido tranqüilamente um sanduíche de presunto), mas esta cena preciosa se tornava quase o emblema do filme inteiro. É o que chamo potência evocadora de uma ação; parece-me que são sobretudo as transformações de maneira que caracterizam um universo fictício em oposição a outro; por si sós, elas dificilmente produziriam uma seqüência narrativa autônoma.

Agora, que começamos a nos familiarizar com esta oposição entre lógica de sucessão e lógica de transformação (assim como com as subdivisões desta última), poderíamos nos perguntar se ela não se liga, de fato, à que Jakobson faz entre metonímia e metáfora. Esta aproximação é possível mas não me parece necessária. É difícil assimilar todas as transformações às relações de semelhança, assim como toda semelhança, aliás, à metáfora. A sucessão não ganha nada, também, em ser chamada metonímia, ou contigüidade, ainda mais porque uma é temporal, a outra espacial. A aproximação seria tanto mais problemática, quanto, segundo Jakobson, "o princípio de similaridade governa a poesia" e quanto "a prosa, ao contrário, se move, essencialmente, nas relações de contigüidade"; ora, de nosso ponto de vista, lógica de sucessão e lógica de transformação são igualmente necessárias à narrativa. Se devêssemos opor narrativa e poesia (ou épica e lírica), nós o teríamos feito, primeiramente (e, nisto, de acordo com Jakobson) pelo caráter transitivo ou intransitivo do signo; em segundo lugar, pela natureza da temporalidade representada: descontínua, aqui, presente perpétuo, lá (o que não quer dizer atemporalidade); em terceiro lugar, pela natureza dos nomes que ocupam o lugar do sujeito semântico, ou *tema*, aqui e lá: a narrativa só admite nomes particulares em oposição de sujeito, a poesia admite tanto os nomes particulares quanto os gerais. O discurso filosófico se caracterizaria, ao mesmo tempo, pela exclusão dos nomes particulares e pela atemporalidade; a poesia seria, pois, uma forma intermediária entre discurso narrativo e discurso filosófico.

Mas, voltemos à narrativa e perguntemo-nos se todas as relações de uma ação com outra são distribuíveis entre o tipo mitológico e o tipo gnoseológico. O conto, analisado por Propp, comportava um episódio sobre o qual não me demorei. Tendo saído à procura de seu irmão, a menininha encontrou alguns possíveis doadores. Inicialmente, um aquecedor a quem ela pediu uma informação e que lha prometeu, com a condição de comer seu pão, mas a menininha, insolente, recusou-se a permitir. Em seguida, ela encontrou uma macieira e um riacho: "proposições análogas, mesma insolência nas respostas". Propp designa estes três episódios pelo termo "triplicação", um processo extremamente freqüente no folclore.

Qual é a exata relação entre estes três episódios? Vimos que, nas transformações, duas proposições se apresentavam aproximadas; a diferença residia em uma modificação trazida ao predicado. Mas nas três ações descritas por Propp, é precisamente o predicado que permanece idêntico: a cada vez, um oferece e o outro recusa com insolência. O que muda são os agentes (os sujeitos) de cada proposição, ou os circunstantes. Mais do que serem, uma e outra, transformações, estas proposições aparecem como *variações* de uma só situação, ou como aplicações paralelas de uma mesma regra.

Poderíamos, então, conceber um terceiro tipo de organização da narrativa, não mais mitológica ou gnosiológica, mas, digamos, *ideológica*, na medida em que é uma regra abstrata, uma idéia, que produz as diferentes peripécias. A relação das proposições entre si não é mais direta, não passamos da forma negativa para a forma positiva, ou da ignorância para o conhecimento; as ações são ligadas por intermédio de uma fórmula abstrata: a da ajuda oferecida e da recusa insolente, no caso de *Os Gansos*. Freqüentemente, para achar a relação entre duas ações materialmente distintas, devemos procurá-la em uma abstração bastante grande.

Tentei, a propósito de vários textos, descrever as regras lógicas, os imperativos ideológicos que regem os acontecimentos do universo narrativo (mas poderíamos tê-lo feito também para cada uma das narrativas evocadas anteriormente). Assim, para *As Ligações Perigosas*, todas as ações das personagens podem ser apresentadas como o produto de algumas regras muito simples e muito abstratas; estas regras, por sua vez, remetem à ideologia organizadora do livro.

O mesmo acontece com *Adolphe* de Constant. As regras

que regem o comportamento das personagens são aqui, essencialmente, duas. A primeira decorre da lógica do desejo, como é afirmada por este livro; poderíamos formulá-la assim: desejamos o que não temos, fugimos do que temos. Por conseguinte, os obstáculos reforçam o desejo e toda ajuda o enfraquece. Um primeiro golpe será desfechado contra o amor de Adolfo quando Eleanora deixa o Conde de P... para vir viver junto a ele. Um segundo, quando ela se desvela por curá-lo, após um ferimento que ele recebeu. Cada sacrifício de Elanora exaspera Adolfo: deixa-lhe ainda menos a desejar. Em compensação, quando o pai de Adolfo decide provocar a separação dos dois, o efeito é inverso, e Adolfo o enuncia explicitamente: "Acreditando separar-me dela, vós poderíeis me ligar a ela para sempre". O trágico desta situação se prende ao fato de que o desejo, para obedecer a esta lógica particular, não deixa, por isto, de ser desejo: ou seja, de causar a infelicidade daquele que não o sabe satisfazer.

A segunda lei deste universo, igualmente moral, será assim formulada por Constant:

A grande questão, na vida, é a dor que causamos, e a metafísica, a mais engenhosa, não justifica o homem que partiu o coração que o amava.

Não podemos regular a vida na procura do bem, sendo a felicidade de um, sempre, a infelicidade do outro. Mas podemos organizá-la a partir da exigência de fazer o menor mal possível: este valor negativo será o único a ter, aqui, um estatuto absoluto. O poder desta lei prevalecerá sobre o da primeira, quando as duas estiverem em contradição. É o que fará com que Adolfo tenha tanta dificuldade em dizer a "verdade" a Eleanora.

Falando assim, vi seu rosto imediatamente coberto de lágrimas: parei, voltei sobre meus passos, me desdisse, expliquei (Cap. 4).

No Cap. 6, Eleanora ouve tudo até o fim; cai desfalecida e Adolfo só pode assegurar-lhe seu amor. No Cap. 8, ele tem um pretexto para deixá-la mas não se aproveita dele:

Podia eu puni-la pelas imprudências que eu a fazia cometer, e, friamente hipócrita, procurar um pretexto nestas imprudências para abandoná-la sem piedade?

A piedade prevalece sobre o desejo.

Assim, ações isoladas e independentes, realizadas freqüentemente por personagens diferentes revelam a mesma regra abstrata, a mesma organização ideológica.

Gostaria de dar um último exemplo desta organização ideológica, lembrando as peripécias descritas na segunda parte das *Memórias do Subsolo*, de Dostoiévski. A lógica, à qual obedecem o narrador e as outras personagens (o oficial insolente, Zverkov, os colegas de escola, Apolo), é a do senhor e do escravo. Exige que, na ocasião do encontro de dois indivíduos, um ocupe, logo que possível, a posição superior, pois, senão, ele corre o risco de se ver em uma posição inferior. Este mundo não conhece a igualdade, e, exigir a igualdade equivale a reconhecer sua inferioridade. Mas o estatuto de superioridade, quando atingido, não traz a satisfação esperada: é só o processo de se tornar senhor que conta; uma vez adquirida, a superioridade perde seu sentido. Apesar do pouco de felicidade que as personagens encontram nos papéis que lhes oferece esta lógica, não podem passar sem ela: porque descobriram que sua própria existência depende de uma relação de alteridade, e esta, eles estão seguros de encontrá-la no jogo do senhor e do escravo.

Assim, no primeiro episódio, o narrador procura briga com um oficial desconhecido, sonha ser posto para fora: isto, unicamente porque a briga implica o reconhecimento pelo olhar do outro. Em seguida, consagra seus esforços em provocar um encontro na Perspectiva Nevski, em que não cederá caminho diante do oficial. E quando seus votos são exaltados — todos dois devem apartar-se —, ele conclui com satisfação: "Eu me pus, publicamente, em pé de igualdade social com ele". O mesmo acontece com Zverkov: participa do jantar que será oferecido a este último, já prevendo a humilhação que deverá sofrer, mas terá afirmado, por isto mesmo, sua existência. Ao lado destes papéis de escravo, o narrador também conhece o do mestre; exerce-o em particular, em sua relação com Lisa, que ele tem necessidade de rebaixar, para poder afirmar sua superioridade; assim, desenhará um negro quadro da vida e da morte das prostituídas; ou ainda, lembrará a Lisa sua condição, enviando-lhe dinheiro, justo no momento em que ela menos espera.

A organização ideológica parece possuir uma fraca potência formadora: é raro observar uma narrativa que não enquadre as ações que são seus produtos em uma outra ordem, que não junte, a esta primeira organização, uma segunda. Porque podemos ilustrar uma lógica ou uma ideologia ao infinito; e não há razão para que esta ilustração preceda — ou siga

— uma outra. Assim, nas *Ligações Perigosas*, as ações descritas se vêem retomadas no interior de um quadro que deriva da organização mitológica: o estado excepcional que constitui a regra dos "espancados", Valmont e Merteuil, será substituído por um retorno à moral tradicional.

O caso é um pouco diferente em *Adolphe* e as *Memórias do Subsolo*. Uma outra ordem — que não é simples ausência das precedentes — aí se instaura, e é feita de relações que poderíamos chamar "espaciais": repetições, antíteses e gradações. Assim, em *Adolphe*, a sucessão dos capítulos segue uma linha precisa: retrato de Adolfo no primeiro; escalada de sentimentos nos capítulos dois e três; sua lenta degradação, do quarto ao décimo. Cada nova manifestação dos sentimentos de Adolfo deve ser superior à precedente, na primeira parte, inferior, na segunda. O fim torna-se possível graças a um acontecimento que parece ter um estatuto narrativo excepcional, a morte. Em *Memórias do Subsolo*, a sucessão dos acontecimentos obedece, ao mesmo tempo, à gradação e à lei do contraste. A cena com o oficial apresenta, resumidos, os dois papéis oferecidos ao narrador; em seguida, ele é humilhado por Zverkov e, por sua vez, humilha Lisa; é humilhado, de novo, por seu servidor, Apolo, e humilha, de novo, Lisa, ainda mais gravemente. A narrativa se interrompe graças à anunciação de uma ideologia diferente, aquela da qual Lisa é portadora, e que consiste em recusar a lógica do senhor e do escravo, e a amar os outros por si mesmos.

Vemos, uma vez mais: as narrativas individuais exemplificam mais de um tipo de organização narrativa (de fato, não importa qual dentre eles teria podido servir de ilustração a todos os princípios organizadores); mas a análise de um destes tipos é mais esclarecedora para a compreensão de certo texto particular que a de um outro. Poderíamos fazer uma observação análoga, mudando radicalmente de nível, e dizer: uma análise narrativa será esclarecedora para o estudo de certos tipos de texto e não de outros. Pois o que estudamos aqui não é o *texto*, com suas variedades próprias, mas a *narrativa*, que pode desempenhar um papel importante ou nulo na estrutura de um texto e que, por outro lado, aparece tanto em textos literários quanto em outros sistemas simbólicos. É verdade que, hoje, não é a literatura, mas o cinema que traz as narrativas de que toda sociedade parece necessitar para viver: os cineastas nos contam estórias enquanto que os escritores fazem brincar as palavras... As observações tipológicas, que acabo de apresentar, se ligam, pois, em princípio, não somente às narrativas literárias, de onde tirei todos meus exemplos, mas a todas as espécies de narrativas; elas derivam menos da *poética* que de uma disciplina que me parece merecer plenamente o direito à existência e que seria a *narratologia*[1].

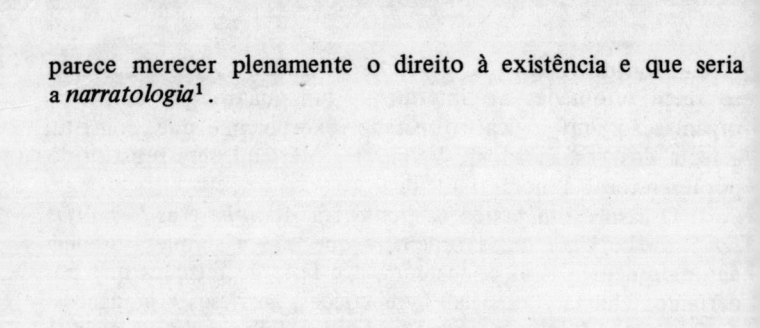

1. Este trabalho se apóia em análises particulares, publicadas anteriormente em meus livros *Literatura e Significação*, *Gramática do Decameron*, *Poétique de la prose* e na introdução à edição bilíngüe das *Memórias do Subsolo*, de Dostoiévki (Aubier-Flammarion).

COLEÇÃO DEBATES

1. *A Personagem de Ficção*, Antonio Candido e outros.
2. *Informação, Linguagem, Comunicação*, Décio Pignatari.
3. *Balanço da Bossa e Outras Bossas*, Augusto de Campos.
4. *Obra Aberta*, Umberto Eco.
5. *Sexo e Temperamento*, Margaret Mead.
6. *Fim do Povo Judeu?*, Georges Friedmann.
7. *Texto/Contexto*, Anatol Rosenfeld.
8. *O Sentido e a Máscara*, Gerd A. Borheim.
9. *Problemas da Física Moderna*, W. Heisenberg, E. Schrödinger, M. Born e P. Auger.
10. *Distúrbios Emocionais e Anti-Semitismo*, N. W. Ackerman e M. Jahoda.
11. *Barroco Mineiro*, Lourival Gomes Machado.
12. *Kafka: Pró e Contra*, Günther Anders.
13. *Nova História e Novo Mundo*, Frédéric Mauro.
14. *As Estruturas Narrativas*, Tzvetan Todorov.
15. *Sociologia do Esporte*, Georges Magnane.

16. *A Arte no Horizonte do Provável*, Haroldo de Campos.
17. *O Dorso do Tigre*, Benedito Nunes.
18. *Quadro da Arquitetura no Brasil*, Nestor G. Reis Filho.
19. *Apocalípticos e Integrados*, Umberto Eco.
20. *Babel & Antibabel*, Paulo Rónai.
21. *Planejamento no Brasil*, Betty Mindlin Lafer.
22. *Lingüística. Poética. Cinema*, Roman Jakobson.
23. *LSD*, John Cashman.
24. *Crítica e Verdade*, Roland Barthes.
25. *Raça e Ciência I*, Juan Comas e outros.
26. *Shazam!*, Álvaro de Moya.
27. *Artes Plásticas na Semana de 22*, Aracy Amaral
28. *História e Ideologia*, Francisco Iglésias.
29. *Peru: da Oligarquia Econômica à Militar*, A. Pedroso d'Horta.
30. *Pequena Estética*, Max Bense.
31. *O Socialismo Utópico*, Martin Buber.
32. *A Tragédia Grega*, Albin Lesky.
33. *Filosofia em Nova Chave*, Susanne K. Langer.
34. *Tradição, Ciência do Povo*, Luís da Câmara Cascudo.
35. *O Lúdico e as Projeções do Mundo Barroco*, Affonso Ávila.
36. *Sartre*, Gerd A. Borheim.
37. *Planejamento Urbano*, Le Corbusier.
38. *A Religião e o Surgimento do Capitalismo*, R. H. Tawney.
39. *A Poética de Maiakóvski*, Boris Schnaiderman.
40. *O Visível e o Invisível*, M. Merleau-Ponty.
41. *A Multidão Solitária*, David Reisman.
42. *Maiakóvski e o Teatro de Vanguarda*, A. M. Ripellino.
43. *A Grande Esperança do Século XX*, J. Fourastié.
44. *Contracomunicação*, Décio Pignatari.
45. *Unissexo*, Charles F. Winick.
46. *A Arte de Agora, Agora*, Herbert Read.
47. *Bauhaus: Novarquitetura*, Walter Gropius.
48. *Signos em Rotação*, Octavio Paz.
49. *A Escritura e a Diferença*, Jacques Derrida.
50. *Linguagem e Mito*, Ernst Cassirer.
51. *As Formas do Falso*, Walnice N. Galvão.
52. *Mito e Realidade*, Mircea Eliade.
53. *O Trabalho em Migalhas*, Georges Friedmann.
54. *A Significação no Cinema*, Christian Metz.
55. *A Música Hoje*, Pierre Boulez.
56. *Raça e Ciência II*, L. C. Dunn e outros.
57. *Figuras*, Gérard Genette.
58. *Rumos de uma Cultura Tecnológica*, Abraham Moles.
59. *A Linguagem do Espaço e do Tempo*, Hugh M. Lacey.
60. *Formalismo e Futurismo*, Krystyna Pomorska.
61. *O Crisântemo e a Espada*, Ruth Benedict.
62. *Estética e História*, Bernard Berenson.
63. *Morada Paulista*, Luís Saia.
64. *Entre o Passado e o Futuro*, Hannah Arendt.
65. *Política Científica*, Heitor G. de Souza, Darcy F. de Almeida e Carlos Costa Ribeiro.
66. *A Noite da Madrinha*, Sergio Miceli.
67. *1822: Dimensões*, Carlos Guilherme Mota e outros.
68. *O Kitsch*, Abraham Moles.

69. *Estética e Filosofia*, Mikel Dufrenne.
70. *O Sistema dos Objetos*, Jean Baudrillard.
71. *A Arte na Era da Máquina*, Maxwell Fry.
72. *Teoria e Realidade*, Mario Bunge.
73. *A Nova Arte*, Gregory Battcock.
74. *O Cartaz*, Abraham Moles.
75. *A Prova de Gödel*, Ernest Nagel e James R. Newman.
76. *Psiquiatria e Antipsiquiatria*, David Cooper.
77. *A Caminho da Cidade*, Eunice Ribeiro Durhan.
78. *O Escorpião Encalacrado*, Davi Arrigucci Júnior.
79. *O Caminho Crítico*, Northrop Frye.
80. *Economia Colonial*, J. R. Amaral Lapa.
81. *Falência da Crítica*, Leyla Perrone Moisés.
82. *Lazer e Cultura Popular*, Joffre Dumazedier.
83. *Os Signos e a Crítica*, Cesare Segre.
84. *Introdução à Semanálise*, Julia Kristeva.
85. *Crises da República*, Hannah Arendt.
86. *Fórmula e Fábula*, Willi Bolle.
87. *Saída, Voz e Lealdade*, Albert Hirschman.
88. *Repensando a Antropologia*, E. R. Leach.
89. *Fenomenologia e Estruturalismo*, Andrea Bonomi.
90. *Limites do Crescimento*, Donella H. Meadows e outros (Clube de Roma).
91. *Manicômios, Prisões e Conventos*, Erving Goffman.
92. *Maneirismo: O Mundo como Labirinto*, Gustav R. Hocke
93. *Semiótica e Literatura*, Décio Pignatari.
94. *Cozinhas, etc.*, Carlos A. C. Lemos.
95. *As Religiões dos Oprimidos*, Vittorio Lanternari.
96. *Os Três Estabelecimentos Humanos*, Le Corbusier.
97. *As Palavras sob as Palavras*, Jean Starobinski.
98. *Introdução à Literatura Fantástica*, Tzvetan Todorov.
99. *Significado nas Artes Visuais*, Erwin Panofsky.
100. *Vila Rica*, Sylvio de Vasconcellos.
101. *Tributação Indireta nas Economias em Desenvolvimento*, J. F. Due.
102. *Metáfora e Montagem*, Modesto Carone.
103. *Repertório*, Michel Butor.
104. *Valise de Cronópio*, Julio Cortázar.
105. *A Metáfora Crítica*, João Alexandre Barbosa.
106. *Mundo, Homem, Arte em Crise*, Mário Pedrosa.
107. *Ensaios Críticos e Filosóficos*, Ramón Xirau.
108. *Do Brasil à América*, Frédéric Mauro.
109. *O Jazz, do Rag ao Rock*, Joachim E. Berendt.
110. *Etc..., Etc... (Um Livro 100% Brasileiro)*, Blaise Cendrars.
111. *Território da Arquitetura*, Vittorio Gregotti.
112. *A Crise Mundial da Educação*, Philip H. Coombs.
113. *Teoria e Projeto na Primeira Era da Máquina*, Reyner Banham.
114. *O Substantivo e o Adjetivo*, Jorge Wilheim.
115. *A Estrutura das Revoluções Científicas*, Thomas S. Kuhn.
116. *A Bela Época do Cinema Brasileiro*, Vicente de Paula Araújo.
117. *Crise Regional e Planejamento*, Amélia Cohn.
118. *O Sistema Político Brasileiro*, Celso Lafer.

119. *Êxtase Religioso*, I. Lewis.
120. *Pureza e Perigo*, Mary Douglas.
121. *História, Corpo do Tempo*, José Honório Rodrigues.
122. *Escrito sobre um Corpo*, Severo Sarduy.
123. *Linguagem e Cinema*, Christian Metz.
124. *O Discurso Engenhoso*, Antonio José Saraiva.
125. *Psicanalisar*, Serge Leclaire.
126. *Magistrados e Feiticeiros na França do Século XVII*, R. Mandrou.
127. *O Teatro e sua Realidade*, Bernard Dort.
128. *A Cabala e seu Simbolismo*, Gershom G. Scholem.
129. *Sintaxe e Semântica na Gramática Transformacional*, A. Bonomi e G. Usberti.
130. *Conjunções e Disjunções*, Octavio Paz.
131. *Escritos sobre a História*, Fernand Braudel.
132. *Escritos*, Jacques Lacan.
133. *De Anita ao Museu*, Paulo Mendes de Almeida.
134. *A Operação do Texto*, Haroldo de Campos.
135. *Arquitetura, Industrialização e Desenvolvimento*, Paulo J. V. Bruna.
136. *Poesia-Experiência*, Mário Faustino.
137. *Os Novos Realistas*, Pierre Restany.
138. *Semiologia do Teatro*, J. Guinsburg e J. Teixeira Coelho Netto.
139. *Arte-Educação no Brasil*, Ana Mae T. B. Barbosa.
140. *Borges: Uma Poética da Leitura*, Emir Rodríguez Monegal.
141. *O Fim de uma Tradição*, Robert W. Shirley.
142. *Sétima Arte: Um Culto Moderno*, Ismail Xavier.
143. *A Estética do Objetivo*, Aldo Tagliaferri.
144. *A Construção do Sentido na Arquitetura*, J. Teixeira Coelho Netto.
145. *A Gramática do Decameron*, Tzvetan Todorov.
146. *Escravidão, Reforma e Imperialismo*, R. Graham.
147. *História do Surrealismo*, M. Nadeau.
148. *Poder e Legitimidade*, José Eduardo Faria.
149. *Práxis do Cinema*, Noel Burch.
150. *As Estruturas e o Tempo*, Cesare Segre.
151. *A Poética do Silêncio*, Modesto Carone.
152. *Planejamento e Bem-Estar Social*, Henrique Rattner.
153. *Teatro Moderno*, Anatol Rosenfeld.
154. *Desenvolvimento e Construção Nacional*, S. N. Eisenstadt.
155. *Uma Literatura nos Trópicos*, Silviano Santiago.
156. *Cobra de Vidro*, Sérgio Buarque de Holanda.
157. *Testando o Leviathan*, Antonia Fernanda Pacca de Almeida Wright.
158. *Do Diálogo e do Dialógico*, Martin Buber.
159. *Ensaios Lingüísticos*, Louis Hjelmslev.
160. *O Realismo Maravilhoso*, Irlemar Chiampi.
161. *Tentativas de Mitologia*, Sérgio Buarque de Holanda.
162. *Semiótica Russa*, Boris Schnaiderman.
163. *Salões, Circos e Cinema de São Paulo*, Vicente de Paula Araújo.
164. *Sociologia Empírica do Lazer*, Joffre Dumazedier.
165. *Física e Filosofia*, Mário Bunge.
166. *O Teatro Ontem e Hoje*, Célia Berrettini.

167. *O Futurismo Italiano*, Org. **Aurora Fornoni Bernardini.**
168. *Semiótica, Informação e Comunicação*, **J. Teixeira Coelho Netto.**
169. *Lacan: Operadores da Leitura*, **Americo Vallejo.**
170. *Dos Murais de Portinari aos Espaços de Brasília*, **Mário Pedrosa.**
171. *O Lírico e o Trágico em Leopardi*, **Helena Parente Cunha.**
172. *A Criança e a FEBEM*, **Marlene Guirado.**
173. *Arquitetura Italiana em São Paulo*, **Anita Salmoni e E. Debenedetti.**
174. *Feitura das Artes*, **José Neistein.**
175. *Oficina: Do Teatro ao Te-Ato*, **Armando Sérgio da Silva.**

Impresso nas Oficinas da
RUMO GRÁFICA EDITORA LTDA.
Rua Dr. Horácio da Costa, n.º 1-A - São Paulo